从美国州长到驻华大使

特里·布兰斯塔德传

（美）迈克·查普曼 著

刘 辉 译

五洲传播出版社

图书在版编目（CIP）数据

从美国州长到驻华大使 : 特里·布兰斯塔德传 / （美）迈克·查普曼著 ;
刘辉译 . -- 北京 : 五洲传播出版社 , 2017.8
ISBN 978-7-5085-3776-4

Ⅰ . ①从… Ⅱ . ①迈… ②刘… Ⅲ . ①特里·布兰斯塔德－生平事迹
Ⅳ . ① K837.127=6

中国版本图书馆 CIP 数据核字 (2017) 第 211844 号

从美国州长到驻华大使：特里·布兰斯塔德传

著　　者：（美）迈克·查普曼
译　　者：刘　辉
出 版 人：荆孝敏
特邀策划：苏国群 玛格丽特·霍夫（Margaret Hough）
策划编辑：郑　磊
责任编辑：高　磊
装帧设计：丰饶视觉
出版发行：五洲传播出版社
地　　址：北京市海淀区北三环中路 31 号生产力大楼 B 座 6 层
邮　　编：100088
发行电话：010-82005927，010-82007837
网　　址：http://www.cicc.org.cn，http://www.thatsbooks.com
印　　刷：中煤（北京）印务有限公司
开　　本：787×1092 1/16
印　　张：17.5
字　　数：180 千
版　　次：2017 年 8 月第 1 版第 1 次印刷
书　　号：ISBN 978-7-5085-3776-4
定　　价：38.00 元

1985 年 4 月 29 日，布兰斯塔德州长在办公室与来访的习近平（左三）一行合影。

1985 年 2 月 1 日，美国总统里根（左）在白宫椭圆形办公室会见艾奥瓦州州长特里·
布兰斯塔德。（供图：视觉中国）

美国总统乔治·布什（右）迎接阿肯色州州长比尔·克林顿（左）和艾奥瓦州州长特里·布兰斯塔德，共同出席在弗吉尼亚州夏洛茨维尔举行的教育峰会。拍摄时间不详。（供图：视觉中国）

1993 年 7 月 14 日，美国总统克林顿（中）和艾奥瓦州州长特里·布兰斯塔德查看地图，准备搭乘直升机飞赴遭遇洪灾的得梅因。（供图：视觉中国）

2011 年 9 月 21 日，中国国家副主席习近平在北京人民大会堂会见美国艾奥瓦州州长布兰斯塔德。（供图：中新社）

2012 年 2 月，中国国家副主席习近平重访艾奥瓦州，与布兰斯塔德州长夫妇再聚首。

2012 年 2 月 16 日上午，中国国家副主席习近平重访艾奥瓦州期间，参观位于得梅因附近的金伯利农场。（供图：中新社）

2012 年 6 月 3 日，中国国家副主席习近平在北京钓鱼台国宾馆会见由布兰斯塔德州长率领的美国艾奥瓦州友好代表团一行。（供图：中新社）

2013 年 4 月 15 日，中国国家主席习近平在北京人民大会堂会见参加第二届中美省州长论坛的双方代表。图为习近平与美国艾奥瓦州州长特里·布兰斯塔德握手。（供图：中新社）

2013 年 4 月 16 日，第二届中美省州长论坛在天津举行，中国人民对外友好协会会长李小林与艾奥瓦州州长布兰斯塔德共同主持论坛。（供图：中新社）

2016 年 11 月 13 日，中国农业部部长韩长赋会见来访的美国艾奥瓦州州长布兰斯塔德，就加强农业合作交换意见。（供图：中国农业部）

2015 年 4 月，由中国农业部国际合作司副司长赵维宁（右五）率领的农业部农业投资代表团访问得梅因时，与布兰斯塔德州长合影。（供图：中国农业部）

2016 年 11 月 15 日，中美农业生物技术安全管理合作项目谅解备忘录签订仪式在北京举行，中国农业部副部长屈冬玉和美国贸易与发展局局长扎克女士在备忘录上签字。（供图：中国农业部）

2017 年 1 月，布兰斯塔德州长和中国驻芝加哥总领事洪磊在马斯卡廷市共庆中国春节。（供图：中国驻芝加哥总领事馆）

2017 年 6 月 21 日，唐纳德·特朗普第一次以总统身份访问艾奥瓦州，布兰斯塔德受邀乘坐"空军一号"与总统共同前往该州东部的锡达拉皮兹市参加集会。图为两人共撑一把雨伞走下"空军一号"专机。（供图：Gazette）

美国艾奥瓦州锡达拉皮兹市，特朗普总统偕即将上任的驻华大使布兰斯塔德在科克伍德社区学院出席集会。（供图：视觉中国）

面对支持者们，特朗普总统高度赞扬布兰斯塔德州长／大使的工作，并叙述了不为人知的大使任命过程的趣事。（供图：视觉中国）

2017 年 6 月 28 日，美国新任驻华大使特里·布兰斯塔德携家人在北京美国驻华大使官邸出席记者见面会并发表讲话。（供图：中新社）

2017 年 6 月 30 日，美国新任驻华大使特里·布兰斯塔德在北京出席美国牛肉重返中国仪式并致辞。（供图：中新社）

2017 年 7 月 12 日，美国新任驻华大使特里·布兰斯塔德在北京人民大会堂向习近平主席呈递国书。（供图：美国驻华大使馆）

习近平主席接受国书后，与布兰斯塔德大使合影留念。（供图：美国驻华大使馆）

2017 年 8 月 17 日，中国国家主席、中央军委主席习近平在北京人民大会堂会见来访的美军参联会主席邓福德。布兰斯塔德大使陪同会见。（供图：中新社）

目录

前　言

我虽然从事新闻业已经 35 年，至今完成了 27 本书，并且从零开始创办了两本杂志，但这仍是我职业生涯中最具挑战性的项目。我写的许多书都是传记，这是我最喜欢的作品类型。然而，写一本关于政治的书，需要进行广泛的调研，来处理许多复杂的问题和各个层面的细节。尽管这些是我首要关注的问题，但我还是应该指出，这本书并非特里·布兰斯塔德政治生涯的逐一记录，而是一本有趣的生平概述。希望这本书能够让读者深入了解是什么在驱动他，也希望它能够激励年轻一代努力奋斗、追逐梦想。但是，如果有读者期待这是一本深入探究艾奥瓦州政界阴谋和背后操纵内幕的书，那么他们可能会比较失望。

从一开始，我的目标就是让读者跟着这位艾奥瓦人来一场旅行。他成长于非常普通的农场家庭，但是从年轻时代开始，他就极力渴望成为政府最高管理层面的重要人物。特里·布兰斯塔德并没有受到一种极度自我欲或者权力欲的推动；相反，推动他的是这样一种强烈的愿望：在自己真正热爱的州里有所作为。

在我漫长的新闻生涯中，我遇到过许多杰出的人，包括体坛英雄、电影演员、商界领袖、媒体明星和政界人士。我很幸运地与其中几位成为朋友并彼此了解。这些关系使我能够近距离地亲身观察他们是如何达到成功巅峰的。这个名单包括丹·盖博，有人认为他是美国历史上最成功的大学体育教练；还有鲍勃·马蒂亚斯，他曾是奥运冠军，之后开启了长期而卓越的职业生涯，担任美国国会议员、电影演员和政治家。盖博和马蒂亚斯拥有许多相同的素质使他们达到成功的巅峰，其中两项就是：对所选领域的无限激情，和勇于作为的无穷动力。

　　特里·布兰斯塔德也拥有这两项特质。20多年来，我一直远远地观察着州长，从我写这本书开始，他的激情、精力和对理想的奉献精神就给我留下了深刻的印象，并最终感动了我。有几次，我甚至觉得他对艾奥瓦州的爱近乎一种痴迷——这种痴迷是有益的，正是这一痴迷使数百万艾奥瓦人从他长期的职业生涯中受益。

　　特里·布兰斯塔德所作的每一项决策，还有他总体比较保守的领导风格，也许并不能获得艾奥瓦人和政治专家们的一致认可，但很少有人会质疑他的工作精神和他对艾奥瓦州的热爱。他的记忆力超强，他珍惜每一次机会去怀念他在艾奥瓦州中北部的青年时代。他记得童年时代每一位老师还有大部分同学的名字，谈及他们的生活和成功轨迹时，他总是热情而真挚。

　　值得注意的是，在私下交谈中，他很少关注自己的成就。同样值得注意的是，作为一个政治家，他却是个很好的听众，他真心喜欢听艾奥瓦人讲他们的州。

最后，我希望这本书的读者能够更深入地了解和欣赏这位纪录创造者：他不仅是艾奥瓦州历史上，也是美国历史上任职时间最久的州长。这是我最初的目标，也是整部传记的指导原则。

迈克·查普曼

牛顿，艾奥瓦州

01

"有 13 个人想当驻华大使，但我认为你会是最好的。"

（撰稿：苏国群[1]、玛格丽特·霍夫[2]）

2016 年 11 月 8 日，共和党人在国会两院和总统大选中大获全胜。三天后的 11 月 11 日，艾奥瓦州创纪录的州长特里·布兰斯塔德坐上飞往中国的飞机。中国是艾奥瓦州最重要的贸易伙伴之一，也是包括州长在内艾奥瓦州人民的朋友的故乡。

这是一个异常忙碌的旅程。州长会见了中国农业部部长韩长赋，就关乎艾奥瓦州农业发展的几个关键农贸问题进行了商谈，如牛肉和猪肉的问题；在两国农业生物技术安全管理合作会议上发言；见证美国贸易发展局与中国农业部签署了重要的谅解备忘录；会见了潜在的投资战略合作伙伴，并在一个食品行业大会上发言；另外，正如他每次访问中国时都要做的那样，他短暂访问了河北省。河北省是艾奥瓦州的友好省，也是它开启了州长与习近平主席的长久友谊。

当州长开启这次中国之旅时，很少有人意识到或记得当时还是总统候选人的唐纳德·特朗普在 11 月 6 日即大选前两天所发表的声明。他在艾奥瓦州苏城的最后一次集会中呼吁州长来到舞台上，并宣布他是"我们与中国打交道的第一人选"。

然而，在 11 月 17 日回来的路上，便有人推测当选总统特朗普会选择布兰斯塔德州长担任驻华大使。根据《得梅因纪事报》的报道，"我不排除任何可能性，"布兰斯塔德 11 月 19 日在年度筹款活动中如是说，"但是你们知道，我的重心一直都在艾奥瓦州，我想为艾奥瓦州的人民服务。"

12 月 6 日，州长和夫人抵达纽约，按计划开始了他们的经济发展之旅。下午，他们夫妇二人被邀请到特朗普大厦与当选总统的过渡团队会面。特朗普过渡团队发言人杰森·米勒 12 月 7 日下午证实，布兰斯塔德州长接受了当选总统的任职提议。布兰斯塔德州长随后发表了接受声明，他再次表达了他和家人对他的州和国家的拳拳之心。"我爱艾奥瓦州，我爱我的国家，"他说，"22 年来，我很荣幸有这个机会当州长，能为艾奥瓦州人民服务。我的家人和我将永远感谢艾奥瓦人对我的信任，感谢他们信任我的领导和服务。经过与家人长时间的讨论，我很荣幸地被提名担任美国驻华大使。"谈起与中国领导人长期的友谊，他说："这是一个难得的机会。我相信，习主席和我之间几十年的友谊所建立起的尊重和敬佩使我有机会帮助当选总统，更好地为艾奥瓦州、美国和世界服务。"

在艾奥瓦州州长的最后一次新闻发布会上，他才公布了任命和接受过程中的一些细节。当选副总统迈克·彭斯和布兰斯塔德州长在 11 月 30 日举行了一次重要会谈，州长表达了他对这一职位的兴趣。第二天，即 12 月 1 日，特朗普总统打电话给州长。布兰斯塔德州长记得特朗普说："有 13 个人想要成为驻华大使，但我认为你会是最好的。"就在接下来的一周，特朗普总统会见了州长夫妇。布兰斯塔德回忆道："他（特朗普）看着我的妻子，然后说，'你想这样做吗？'克莉丝说，'是的。'他说，'这个工作是你们的了。'"

布兰斯塔德深深扎根于艾奥瓦州，决定离开他们唯一称作家的地方并不是一件容易的事情。当他和克莉丝讨论这个可能性时，克莉丝表示支持，这令布兰斯塔德感到惊讶。后来，他讲到他们的孩子如何帮助他们更容易地作出这个决定："我的女儿艾莉森叫上马库斯和埃里克一起去了露台山，突然之间，克莉丝见到了她三个成年的孩子。他们说，'你知道，妈妈，我们认为这可能是一生仅有一次的机会，我们认为你不应该拒绝它。此外，我们也想和你们一起去中国。'于是，这个想法就开始酝酿。然后，我们去艾莉森在克莱夫的房子里举行了一场家庭聚会……并且作了决定，如果总统问我们，我们会说愿意去做。"

中国政府的反应是肯定的，赞成美方对布兰斯塔德的提名。中国外交部发言人陆慷先生在 12 月的例行新闻发布会上表示："布兰斯塔德先生是中国人民的老朋友，我们欢迎他为中美关系发展作出更大的贡献。"

中国驻美国大使馆在全美设有五个领事馆，其中芝加哥总领事馆管辖艾奥瓦州。因此，中国驻芝加哥总领事馆与艾奥瓦州及其州长布兰斯塔德关系密切。中国在美国中西部地区的最高代表、驻芝加哥总领事洪磊与布兰斯塔德州长在马斯卡廷市共同度过了意义重大的 2017 年春节。32 年前，习近平曾访问过该市。洪磊总领事对州长获得驻华大使的提名感到非常激动，他说："我们很高兴，我们的老朋友被特朗普总统提名为美国新任驻华大使。我们坚信，他将与我们携手并肩，让彼此之间的关系更加密切。"

在艾奥瓦州，人们普遍感到兴奋的是，执政了那么久的州长将在更大的全球舞台上发挥关键作用。不过，很多艾奥瓦人希望州长继续在艾奥瓦州服务，因为布兰斯塔德州长和艾奥瓦人之间相互信任。

2017 年 5 月 2 日，参议院外交委员会对美国驻华大使进行了提名听证会。参议员查克·格拉斯利和乔妮·恩斯特在听证会上介绍了州长夫妇和坐在州长身后的两个儿子埃里克和马库斯。

格拉斯利参议员在介绍中说："这位绅士一生都是艾奥瓦州的大使，他也会是一位出色的驻华大使。"格拉斯利参议员代表艾奥瓦州和中西部人，对他的提名表达了自豪之情："布兰斯塔德州长一直致力于在世界舞台上拓展艾奥瓦州的贸易、投资和经济合作伙伴关系，也包括与中国的合作。他会把中西部地区的谦逊和冷静的领导风格带入这个工作中来。他是一名劳模，就算吃苦受累也要完成工作。"参议员的信心主要来自对他的了解，早在 1973 年，布兰斯塔德在立法委的第一年时他们就认识了。

首次担任参议员的乔妮·恩斯特指出，艾奥瓦州与中国广泛的贸易关系使布兰斯塔德州长对我国与中国开展更广泛的贸易和经济关系的复杂性有着更为清楚的认识，也为他更好地维护美国利益打好了基础。"我们与中国的双边经济关系固然重要，但毋庸多言，我们与中国的双边关系问题还有很多，除了贸易和投资，还包括朝鲜等其他更多问题，"恩斯特参议员说。

"因此，美国驻华大使的位置是世界上最重要的大使职位之一。"

在整个听证过程中，两党的支持是显而易见的。"你的听证会很出色，"参议院外交委员会主席鲍勃·科克尔（代表田纳西州）参议员总结道，"我认为你与中国的实地交往经验会更好地服务于我们的国家。我认为你对中国人思想动态的了解会更好地服务于我们的国家。"

委员会资深委员、来自马里兰州的民主党参议员本·卡丹也认同委员会主席的观点，他这样称赞州长："你已经做得很好，你对该地区的了解和为推进美国利益而进行战略决策的作风，都让我们对你充满信心。"

5月22日，参议院宣布艾奥瓦州州长特里·E·布兰斯塔德为美国驻中华人民共和国特命全权大使，他以82∶13的绝对优势当选。

特里·布兰斯塔德在艾奥瓦州广受欢迎，他每次竞选州长都能取得胜利足以证明这一点。

格拉斯利和恩斯特参议员代表了大多数艾奥瓦人喜忧参半的心情。他们一方面感到骄傲，这个在艾奥瓦州长大的当选官员能走上全世界最关键和最受瞩目的竞技场之一，并在其中扮演重要角色，另一方面，许多人表示希望把他留在艾奥瓦州，好让他继续在家乡取得成功。艾奥瓦人认为他们把最好的与国家分享，和最重要的战略合作伙伴以及竞争对手之一发展关系。

比尔·诺西在艾奥瓦州农业局局长职位上已经度过三个四年任期了，他对特里·布兰斯塔德的了解贯穿于他整个政治生涯的始终，与布兰斯塔德州长就艾奥瓦州农业问题一起并肩工作很多年。对中国的出口对于艾奥瓦州农民、农业界和艾奥瓦州的经济来说非常重要，因为艾奥瓦州的玉米、猪肉和鸡蛋在全国产量最高，大豆产量也排名第一或第二。诺西一直倡导与中国开展贸易。"当听到当选总统特朗普提名布兰斯塔德州长时，我认为这是一个英明的选择，"诺西说，"但经过进一步思考，我意识到他是我们美国驻华大使的最佳选择。布兰斯塔德的个人关系、对各种问题的理解和应对政治挑战的能力相结合，使他成为不二人选。我们不能低估这一重要事实，他已经赢得了两国最高领导人的尊重和信任，这绝对会使他对我们两国产生积极的影响。"

半个多世纪以来，建明（Kemin）公司一直致力于运用应用科学来提高生活质量。该公司由 R·W 和玛丽·尼尔森于 1961 年在艾奥瓦州得梅因创立，销售霉菌抑制剂和调味料，然后他们很快升级了生产线，开发出可供动物、宠物和人类使用的全套产品。今天，建明公司已经是一家全球性公司，每天有 35 亿人在使用其产品和服务。该公司致力于提高食品、饲料和保健品的质量、安全性和有效性，为不断增长的人口提供食物，并为有需要的其他人提供资源。建明公司自 1984 年以来一直服务中国客户，但直到 2000 年才正式在珠海成立了总部。除了珠海的地区总部外，建明公司还在上海和北京设有办事处。

建明公司总裁兼首席执行官克里斯·尼尔森博士积极推动艾奥瓦州的经济发展，并与州政府密切合作，共同开展多项举措。他也曾在艾奥瓦州来自两个党派的州长任命的各类董事会和委员会中任职。

"布兰斯塔德大使一直是艾奥瓦州商业的推动者，他了解艾奥瓦州在全球经济中的位置，他的长期任职经验和平和的性格，加上他对亚洲文化的丰富了解，使他能更好地服务美国和艾奥瓦州。建明公司期待他的任命和担任的新角色会直接带动我们在中国的持续发展，"尼尔森博士说。

美国 EFCO 公司也位于艾奥瓦，它目前在中国还没有经营业务。该公司与布兰斯塔德州长也有着几十年的交情，建立了密切的联系。该公司董事长兼首席执行官艾尔·詹宁斯自豪地谈到了艾奥瓦州的价值观曾如何帮助过他的父亲 W·A·詹宁斯在 1934 年全球性"大萧条"的低谷期创立了一家公司，后来发展成一家大型跨国公司。公司的成功依赖于传统的艾奥瓦州价值观、高尚的职业道德和詹宁斯对教育的信念。自 1981 年以来，艾尔把火炬一直传递下去，将公司发展成了一家真正的国际公司。EFCO 公司还会继续屹立在艾奥瓦州做一个安静的巨人，它的名字代表着质量和诚信。即使在中国没有经营业务，艾尔和他的妻子安对这个任命也感到高兴。"我们想让他留在艾奥瓦州，"在与苏国群的私人谈话中，艾尔谈到了他的想法，"但是，没有人比他（布兰斯塔德）更能向一个对我们国家来说很重要的国家展示真正的艾奥瓦州勤奋努力和诚信正直的价值观。我们必须和我们的伙伴共同分享我们的杰出代表，这是要做的正确的事情，而且，这将有助于世界和平。"

1983 年，布兰斯塔德州长与中国河北省省长张曙光签署了"谅解备忘录"，缔结了友好省州关系，这有力地推动了和中国的关系。河北省代表关宁宇先生在 1993—2007 年任友好城市石家庄驻得梅因办事处的第一位主任。"1984年，布兰斯塔德州长第一次访问中国。他是美国最年轻的州长，风度翩翩，他的风采令我至今记忆犹新。近几十年来，他不仅与习近平会面至少四次以上，还会见了许多来自河北的中国代表团成员。我要说，艾奥瓦州与我们的友好省州关系不仅仅是名义上的，而且对所有参与者来说是实质性的和意义非凡的。"关先生说，"他从来不看来访者的头衔，只要他有空，他就会尽量与来访者见面，给予他们充分的关注。礼节意义不大，让中国朋友学到有用的东西，并记得艾奥瓦州的热情一直是他的首要事项。"后来，艾奥瓦州经济发展部设立了办公室，专门处理与友好省和友好城市的关系，关先生正式停止了其友好城市办事处的工作，并开始经营盛联（Shine-Link）国际公司，那是本地的一个华人家庭早期开办的一个公司。这个公司就像一座桥梁，使双方达成了数百个合作伙伴关系。

黛比·达勒姆由当时的州长布兰斯塔德任命为艾奥瓦州经济发展局局长，现今依然在金·雷诺兹州长的政府中担任此职。作为"艾奥瓦州的首席推销员"，达勒姆与州长一起工作，致力于创造就业机会，吸引大公司来艾奥瓦州建立大型业务，以及加强对艾奥瓦州企业家的服务等。她对布兰斯塔德被任命为驻华大使的看法是，"我们国家与中国已经有很稳固的关系，前州长布兰斯塔德（现任美国驻华大使）是发展这一关系的正确人选。他与习主席长期的友谊，以及他在中国与艾奥瓦州之间发展贸易的经验，为进一步发展美中贸易奠定了坚实的基础。"

艾奥瓦州猪肉生产业在全国领先，每年出栏4500万头生猪。

艾奥瓦州猪肉生产者协会（IPPA）旨在发展可持续的、对社会负责任的、能盈利的以及具有全球竞争力的猪肉行业。

艾奥瓦州猪肉生产者协会是一个基层组织，由全州近70个有组织的县级协会构成，拥有5000多名附属会员和准会员。"作为州长，布兰斯塔德大使是农业的支持者，他领导这个行业的发展，并积极推销艾奥瓦州的猪肉产品，而中国是其中一个享有优先权的国家。布兰斯塔德在农场长大，他了解农业的重要性，"协会主席库提斯·密尔德说。对布兰斯塔德州长被任命为大使，协会执行董事派特·麦克甘内尔这样评价："猪肉行业非常赞赏他的远见，能使艾奥瓦州走在前列，不断为艾奥瓦州和美国猪肉拓宽市场。艾奥瓦州猪肉生产者协会很荣幸能由布兰斯塔德担任美国驻华大使，并相信他将尽全力在中国扩大猪肉和所有农产品的市场。"

艾奥瓦州火鸡产业联合会（ITF）祝贺布兰斯塔德州长获得新的任命，并高度赞扬他对火鸡养殖业者的热情和奉献。"他知道火鸡养殖加工业对艾奥瓦州经济的价值，它把艾奥瓦州的玉米和大豆转化为在艾奥瓦州加工的火鸡产品。通过他的关系，中国客人参观了位于卫兰德的约德家族的火鸡场。1996年，他参加了西部自由食品公司的剪彩活动，对艾奥瓦州的火鸡加工业表示祝贺，该公司是艾奥瓦州首个增值合作社。他喜欢艾奥瓦火鸡，并以身作则，经常在赛百味餐厅吃艾奥瓦火鸡，"联合会执行董事格里塔·欧文说。欧文还回忆起艾奥瓦州的美好传统："每年他都会庆祝艾奥瓦州的火鸡业，把6月定为'火鸡爱好者月'；

在11月，他会颁发两只艾奥瓦火鸡的赦免令，以表示对艾奥瓦州火鸡产业重要性的认可。"她说，"2015年，当艾奥瓦州的火鸡养殖者和加工者挣扎在高致病性禽流感的灾难中时，他站在他们身边，并领导州的相关机构进行支持。他对火鸡加工业的了解和他的商业关系将有助于在中国销售更多的火鸡。"

艾奥瓦州农场联合会（IFBF）是艾奥瓦州最大的农场联合组织，会员拥有超过15万农场家庭。作为一个基层组织，它的成员代表了各类不同的家庭农场。2003年，联合会成为美国第一个农业非政府组织，与美国农业部科学技术发展中心签署谅解备忘录，以合作促进对美国农民组织和中西部地区技术应用的了解。此后，艾奥瓦州农场联合会被中国农业界誉为一个友好而强大的组织。

大豆生产对艾奥瓦州的经济和民生问题至关重要。艾奥瓦州大豆协会（ISA）代表着该州豆农的利益，主要从事提高艾奥瓦州、美国乃至全球的大豆需求量的工作。艾奥瓦州大豆协会也投入各种资源，帮助该州豆农更加持续高效地出产更多大豆。协会主席科尔克·里兹曾与布兰斯塔德州长共事多年，共同研究大豆相关的政策和经济发展问题。里兹主席还曾同州长一起访问中国，宣传艾奥瓦州的大豆。他对州长的评价是："布兰斯塔德州长一直在孜孜不倦地宣传推广艾奥瓦州、艾奥瓦州的农业和艾奥瓦州的大豆。他宣传'艾奥瓦州故事'的精力和决心一直是超乎寻常、无与伦比的。作为美国驻华大使，他会用同样的精力、投入和关切，来迎接美中之间在诸多关键问题上不同立场所带来的挑战。我想，没有任何其他人比布兰斯塔德大使更能胜任这一职位。"

作为美国历史上任职时间最长的州长，布兰斯塔德州长在艾奥瓦州不懈地支持并倡导发展农业和增值农业。艾奥瓦州农场联合会主席克雷格·希尔说："布兰斯塔德州长是和我共事过的人中最努力工作和最有目标的人之一，在担任艾奥瓦州首席行政长官时，布兰斯塔德州长作为艾奥瓦州的大使，与中国建立了良好的关系，并与习近平主席成为朋友。他令人印象深刻的履历，包括他在外交上的强大背景和与中国的长期关系，使他成为担任大使的绝佳选择。"

中国最重要的传统之一就是始终把教育摆在首位，中国人认为教育的动机是纯洁和高贵的。布兰斯塔德州长也是以重视教育而闻名。作为一个教育工作者，本·艾伦博士亲眼目睹了布兰斯塔德州长所处理的许多教育问题。他曾任艾奥瓦州立大学商学院院长兼教务长，并使商学院的排名有所上升；他还曾担任北艾奥瓦大学校长，现为艾奥瓦州立大学临时校长。"布兰斯塔德大使给我留下了很多积极的印象，其中就有他对教育的热情。得梅因大学是艾奥瓦州大型骨科医疗中心，在布兰斯塔德大使任该校校长时，我很幸运能与他会面并讨论教育问题。我们针对教育，特别是高等教育进行了几次讨论。正是因为这些讨论，我才知道他对教育的认识和热忱。作为得梅因大学校长，他一直在努力为大学获取资源，以使学生能有最好的教师授课，并能学到最好的科技，"艾伦博士说。艾伦博士知道布兰斯塔德州长对整个国家的教育所起到的作用："当他担任国家州长协会主席时，他的重点主要是教育问题。布什总统任命他为总统特殊教育卓越委员会主席。他担任艾奥瓦州州长期间最重要的成就之一是在 2011 年成立了州长科学、技术、工程和数学（STEM）咨询委员会。我很荣幸被布兰斯塔德州长邀请与当时的副州长、现任州长金·雷诺兹共同担任主席。这个项目鼓励学生进入科学、技术、工程和数学领域，影响和改变了成千上万的艾奥瓦州的学生。我会永远记得，布兰斯塔德州长，现在是布兰斯塔德大使，是一个卓越教育的激情倡导者。"

毫不奇怪，艾奥瓦人为他们创纪录的州长走上世界舞台而感到骄傲，但布兰斯塔德对许多问题的影响已经超越了艾奥瓦州。位于北卡罗来纳州三角研究园（RTP）的拜耳作物科学公司副总裁阿里·斯科特博士介绍了她在北京会见州长的经历："他很务实，也很有亲和力。他非常了解生物技术监管问题对世界贸易的影响，也了解全球格局的发展动态，这给我留下了深刻的印象。"斯科特博士提到布兰斯塔德州长与中国领导人进行的讨论："他包容大度，彬彬有礼。拜耳是一家德国公司，但我们在三角研究园投入大量资金进行生物技术研究，而且我们开发的产品已经供给世界各地的农民使用，其中也包括艾奥瓦州的农民。他被选为驻华大使并不奇怪。他将能够在更大范围内为世界贸易和农业发展作出贡献。他对世界事务的理解将真正有利于美国和更广泛的世界贸易。"

"世界上没有比担当你所深爱的州的州长更好的工作了，"在签署辞呈之前，布兰斯塔德大使以艾奥瓦州州长的身份最后一次在公众前露面时这样讲道，"但是，有时我们会被要求去做我们从未想过的工作。而现在，我很高兴递交我的辞呈，我正准备开始一个激动人心的新旅程，去担任美国驻华大使。"尽管他的心始终与艾奥瓦州及其人民在一起，他的责任感召唤他走向一个更大的舞台。在担任了8169天艾奥瓦州州长之后，布兰斯塔德于2017年5月24日正式辞职。他立即宣誓就职第12任美国驻华大使。仪式由巡回法院的史蒂文·科洛顿法官主持，他是艾奥瓦州最高级别的联邦法官。

艾奥瓦州州务卿保罗·派特在接受布兰斯塔德的辞呈后发表了一份官方声明。"我非常荣幸能跟布兰斯塔德州长共事许多年，"派特说，"他是美国历史上最具奉献精神的公务员之一，也是我所知道的最勤奋的人之一。"

在布兰斯塔德大使备受期待的中国之行前夕，特朗普总统6月21日在艾奥瓦州锡达拉皮兹举行了盛大集会。面对着热情洋溢的人群，总统详细叙述了大使的任命过程。他从竞选活动开始讲起，特别是在艾奥瓦州，布兰斯塔德州长向他的竞选活动提出建议，州长的儿子埃里克·布兰斯塔德是总统候选人唐纳德·特朗普在艾奥瓦州的竞选活动主任。

"当我在艾奥瓦州竞选时，特里会对我说，'帮帮忙，唐纳德，请不要说中国的坏话。'我说，'为什么？'他说，'我们跟中国关系很好，我喜欢中国。我真的很喜欢习主席。'他们认识30多年了。当我开始考虑任命大使时，我突然就想到这一点。我说，'如果我选一个真正喜欢中国的人，会不会很好？'顺便说一句，中国也真的很喜欢他。对于我来说，这个决定很容易。"

因为知道布兰斯塔德对艾奥瓦州的赤子之心，总统并没想到他会接受这个提议。"我打电话给他，我说，'听着，你已经做了 24 年了。你想做别的事情吗？比如，你想成为驻华大使吗？'我以为他不会真的这样做。但他想做的是对国家正确的事情。

"今晚（6 月 21 日）我对他说，'我不敢肯定你打算做这个。'他说，'当我的总统打电话给我，让我帮助他服务我们这个伟大的国家，我当然要做。'"

特朗普总统因此信心十足，他重申："我想不出有谁能更胜任这个工作。"

布兰斯塔德大使和夫人克莉丝于 2017 年 6 月 27 日去了中国，同行的还有女儿艾莉森·科斯塔和女婿杰瑞，以及他们的两个女儿。6 月 28 日，在美国驻华大使馆举行的一场欢迎活动中，布兰斯塔德大使指出："你们都知道美中关系是世界上最重要的双边关系。我想尽全力加强两国之间的合作，来应对诸如朝鲜问题等一些重大挑战，同时也改善我们两国的经济机会，并减少贸易赤字。"

言谈中，他展现出了他的中西部工作精神以及乐于合作的精神。"我想走遍每一个省份，真正见见这个伟大的国家的人民，让他们知道我们是他们的朋友，我们想和中国人民共同创造一个更美好的世界。"

美国驻华大使馆是美国在世界上最大的使馆之一。美丽的使馆位于北京朝阳区，占地 10 英亩（4 公顷），2008 年 8 月 8 日由小布什总统主持开馆仪式。有趣的是，新使馆距离美国驻华联络处（老布什总统曾担任第二任联络处主任）原址仅 5 分钟的车程。1973 年 5 月 1 日，在尼克松总统和毛泽东主席结束了数十年的美中无外交关系后，美国驻华联络处得以建成开放。

使馆办公楼总面积为 50 万平方英尺（46000 平方米），楼高八层，可容纳 2000 多名员工及多个联邦机构。例如，美国农业部的海外农业服务局在大使馆设有办事处。此外，美国在四川成都、广东广州、上海、辽宁沈阳和湖北武汉等城市设有五个领事馆。美国农业部在每个领事馆都设有农业贸易处，以促进与中国的农业贸易。

新大使所面临的任务是有挑战性的，有些甚至可以称之为艰巨挑战。布兰斯塔德与中国高层领导人的亲密关系给了许多人信心，他们认为这会使布兰斯塔德在驻华大使的职位上取得成功。显然，没有人会忽视中国人民友谊的重要性。但是，布兰斯塔德对与中国人合作的关键要素的深刻了解，跟过去几十年发展的融洽关系同样重要。仔细研究一下他与中国领导人是如何打交道的，就能明白他了解双方共同的核心价值观。

2015 年 1 月 23 日，在给中国副总理汪洋和农业部部长韩长赋的一封信中，布兰斯塔德州长感谢他们适时地批准三种美国产品在中国的应用，并强调这一举措是互惠互利的。"我们真诚地感谢中国农业部和其他有关官员的及时批准，使我们的农民能够种植具有这些性状的作物，"他写道，"我们相信这对我们两国都是有益的，因为新品种的出现为艾奥瓦州农民提供了更多的选择，使他们能提供安全稳定的粮食供应，以满足中国加工商和牲畜业的需求。"他继续在信里表明，他们之间长期的友谊是需要当前实质性的合作来支持的，因为这些合作会增进彼此的信任和理解。"我们州与中国有着长期的友谊。习近平主席 2012 年回访艾奥瓦州的老朋友之后，我们的农民感到与中国人民特别亲近。我们理解并支持中国为国内提供优质食品的决心，我们也非常荣幸能够在这方面成为中国农业界的伙伴。"了解什么是对伙伴国最重要的事情，找到发挥积极作用的方法，并同时推进美国的利益，这就是布兰斯塔德大使拥有的技能，这也会很好地为美国和中国服务。

从以上引文中可以简单了解美国贸易发展局与中国农业部的成功合作关系，而布兰斯塔德州长一直是这一合作的强大支持者。美国贸易发展局的美中农业生物技术安全管理协作项目由艾奥瓦州农场联合会（项目二期，2005—2008 年）和艾奥瓦州小企业达信咨询公司（项目三期，2009—2012 年；项目四期，2016 年至今）实施。这个项目已被两国政府认可为示范项目。2016 年 11 月 15 日，中国农业部副部长屈冬玉博士在项目四期的谅解备忘录签字仪式上对该项目表示赞赏："中美农业生物技术安全管理协作项目已成为中美生物技术研究人员和监管机构的重要平台。项目在深化理解、促进信任、扩大共识方面起到了不可替代的作用。项目也为中美农业贸易的健康发展创造了良好的氛围。"他感谢布兰斯塔德州长作的主旨发言，更重要的是，感谢他一直以来为该项目提供的个人支持。

美国贸易与发展局前局长里欧卡蒂亚·扎克曾三次来到艾奥瓦州参加该协作项目活动。她深切回忆起与布兰斯塔德州长就项目进行会面及工作的情景："作为农民的女儿，我一直喜欢拜访艾奥瓦州，亲眼目睹美中两国之间的大型合作，这是通过美国贸易发展局资助的美中农业生物技术安全管理协作项目来促成的。我非常荣幸有机会见到布兰斯塔德州长。州长的深厚背景使其具有远见卓识，他鼓励与中国农业专家构建更多的伙伴关系，并为艾奥瓦州和中国的人民带来好处。我非常感谢州长的领导和他对美国贸易发展局多年来的支持。"

她特别感谢布兰斯坦州长邀请她参加 2012 年 2 月 15 日的晚宴——欢迎习近平副主席到访艾奥瓦州。"令人印象深刻的是，布兰斯塔德州长以及习近平副主席对州长致以的温暖问候都让艾奥瓦州人民引以为傲。我非常高兴美国贸易与发展局的这个项目多年来一直得到布兰斯塔德州长的大力支持。他在获取两党对项目的支持方面发挥了关键作用，这对于美国和中国的农业至关重要。"在得知布兰斯塔德州长被任命为驻华大使后，扎克为美中关系感到高兴："布兰斯塔德州长是大使的完美人选。他一直大力支持增加美国对中国的农产品出口，并了解建立和鼓励互利伙伴关系的重要性。"

虽然赞美和肯定的声音像潮水般涌来，但没有人比布兰斯塔德州长本人更能理解这一位置所面临的挑战。"我认为这可能是我一生中面临的最大挑战，"布兰斯塔德在确认听证会上说，"我想尽我所能做一切事情，去找到一个可以接受的解决方案，以造福全人类。"他真正认识到他的职位的影响已经超越了美国和中国,并扩展到整个世界。

为应对这些挑战,布兰斯塔德大使决心成为美国的有力发言人。他把在艾奥瓦州工作的热情带到中国的工作中来。

习近平主席在 2012 年访问艾奥瓦州时回顾了 1985 年的访问,他说:"那次访问后,诚实、热心和勤奋的艾奥瓦州人民给我留下了深刻的印象。"几年后,布兰斯塔德州长对参议院外交委员会的证词也印证了这位老朋友的描述:"我做梦都没有想到,一个艾奥瓦州莱兰小农场出来的男孩,有一天会有机会在世界舞台上代表我的国家和我的州,与世界上最有影响力的国家之一,也是美国最大的贸易伙伴国之一进行密切合作。"

舞台虽然很大,但他已不再是那个农场小男孩。然而,正是从农场学来的勤奋工作精神以及诚实和热心的本性一路陪伴他创造纪录,成为美国任职时间最长的州长,也陪伴他走到世界外交舞台上最耀眼的聚光灯下。

02

神奇小镇莱兰

今天，当一名游人走进艾奥瓦州莱兰时，他大概看不出这是艾奥瓦州历史上任职时间最长的州长的故乡，或者说，看不出来这是现在已经成为美国历史上任职时间最长的州长的家乡！

这个小城镇安静地坐落在 69 号公路以北和 9 号公路以西，距弗瑞斯特市以北仅四英里。在 2013 年某个秋高气爽的星期天下午，除了有一个人在院子里除草外，整个镇子没有什么别的活动。游人大约 30 秒内就可以穿过莱兰，因为与高速公路相邻的仅有六条街道。除此之外，向东有六条街，向西只有三条街。

如今，莱兰已经没有学校在开课，只有一所教堂（"我们的救世主路德教堂"），旁边是唯一的公园，里面有几架秋千、一座五颜六色的儿童攀爬架和一个网球场。高速公路边有三家公司：东面有"莱兰木工"和"K&C 电气"，西面有"精品家具"。另外，就在一个街区外还有个"鲍勃家具"的标志。

高速公路东面还有一个"米切尔烧烤酒吧"，其入口旁边有一座黑猪雕像。美国邮政局是座小型建筑，位于西百老汇 212 号，而位于道路同一侧的还有 6161 号泰德·布兰斯塔德海外作战退伍军人站，得名于特里参加二战的表兄。两栋建筑之间是一栋小型的混凝土建筑，曾经是市政厅，现在是私有房产。现在的市政厅和社区中心位于核桃街 316 号，向南一个街区。

游人穿过小镇时，可以看到高速公路两端的标语"欢迎来到莱兰——可以称为家的好地方"。这些标语还告诉我们，这里每年都会举行西瓜节，其历史可追溯到 1934 年。

这个小镇得名于约翰·D·莱兰，他出生于纽约的莱恩县，后搬到俄亥俄州和伊利诺伊州，并于 1880 年搬到弗瑞斯特市开设了律师事务所。莱兰在弗瑞斯特市北部买了一大片土地，规划了村庄，开了商店，办了律所，偶尔甚至提供家庭旅馆。由于他同时担任邮政局长，他把村子叫作莱兰兹堡。

约翰·莱兰于 1911 年 5 月 20 日去世，享年 75 岁。他的名字勉强流传了下来。2009 年 1 月 28 日，他的故事得以出现在家乡的演出中，引起人们的关注。那一天，世界著名的电影演员出现在米切尔的餐厅。凯文·科斯特纳和他的"现代西部乐队"经常全国巡演，通常会去坦佩、得梅因和明尼阿波利斯这样的大城市。但是，他们有首歌写的是艾奥瓦州的莱兰，讲的是许多年前那里的生活，所以，他们决定在 2009 年去那里进行演出。

这首歌是这样的：

"沿着大街走一走，
到处看看吧。
现在看看所有的窗户。
这个镇上空空的房屋。
想象一下所有的人，

来了却又不得不走

为了寻求更好，

在追梦的路上。

在艾奥瓦州莱兰一毛钱都花不出，

因为镇里的所有商店都关门大吉"。

（经哈尔伦纳德公司授权转载）

这首歌还写了很多，但观点已经显而易见——现在的艾奥瓦州莱兰已经没落。在 2010 年的人口普查中，莱兰只有 289 名居民。

今天，镇上最著名的公民住在得梅因的州长官邸，但他仍然对莱兰的生活充满美好的回忆。

"那是我的家乡，是我成长的好地方，"1946 年 11 月 17 日出生于莱兰的特里·布兰斯塔德说道，"直到 1945 年这儿才有一所中学，我在那里读的小学，我到现在还记得班上同学们的名字。"[3]

特里和弟弟，比他小四岁的蒙罗，也被称为蒙蒂，一起在村子南边的家庭农场长大。农场毗邻温尼贝戈河。父亲爱德华是位英俊的挪威路德会信徒。母亲丽塔·加兰，一个漂亮的犹太女孩，出生于伯灵顿，早年其父在那里拥有几家商店。在"大萧条"时期，他所有的商店都倒闭了，便去苏城为杰克·罗宾逊工作，然后搬到了莱兰北部的米尔斯湖从头开始。丽塔的父亲性格顽强，下定决心要从这场金融灾难中走出来，于是他买下了所有倒闭的零售商店的库存，然后在其位于米尔斯湖的商店以便宜的价格出售。

爱德华·布兰斯塔德出生于 1924 年 3 月 9 日，也是在家庭农场长大，2013 年 7 月 26 日去世，享年 89 岁。生前，他一直是农场的所有者。爱德华毕业于莱兰高中，然后去弗瑞斯特市华尔道夫学院学习一年，在那里他遇见了丽塔。他们结婚后，定居在家庭农场。

爱德华和丽塔以超强的敬业精神和对美国的坚定信念抚养两个儿子。困难时期，为了努力使农场经营下去，爱德华和丽塔都去做第二份工，他们会开车到明尼苏达州的艾伯特利，与另外一对当地夫妇在一家工厂一起工作。他们总是凌晨 4 点左右从莱兰出发，下午很晚回家，然后第二天在农场工作，就这样周而复始。

从日出干到日落，甚至经常到晚上，已成为莱兰的布兰斯塔德家族的传统，这也为未来州长的人生观奠定了基础。

"父亲最喜欢说的是，'嗯，我们今天没有做太多的事情，但是明天我们让它好看'，"特里·布兰斯塔德在父亲去世几个月后笑着说起来，"那可是在我们整整工作了 14 个小时之后说的。"[4]

20 世纪 80 年代农场危机期间，爱德华又去打第二份工，这次任汉考克县农业稳定与保护局局长。通常，他在加纳的办公室工作一整天，然后又回到农场一直工作到午夜。

勤奋工作是布兰斯塔德家族生存并最终成功的特质。这也是贯穿特里·布兰斯塔德整个人生和事业的共同点。

"哦，爱德华和丽塔是非常勤奋的人，特里一脉相承，"负责弗瑞斯特市曼森博物馆档案的露丝·莱布兰德说，"我认为这里的每

个人都会有同感。他知道如何工作，这是他从父母那儿学来的。"⁵

坦白说，布兰斯塔德家的孩子在漫长艰难的日子里只能是努力工作。

布兰斯塔德说："我们经营着非常多元化的家庭农场，养鸡、猪、牛、羊，我小的时候家里就养着奶牛和马。因为房子在山上，我们不得不用水桶提水喂鸡。我们有 144 英亩地，还要在我祖母 100 多英亩的农场上劳动，爸爸把那片农场称作'东边'。我读中学时，我爸又买了 80 英亩的地。

"我六年级时，我们养了 100 多只母羊。当母羊生了小羊时，小羊要得到照顾，要在羊圈里，要有加热灯、食物和水，而这些都是我的责任。"⁶

教育也是家庭的重中之重，孩子们很早就知道这一点。莱兰那时候还没有幼儿园，每天早上，母亲把特里送上公车去弗瑞斯特市上学。不久之后，莱兰开始有了自己的幼儿园。

"我们在幼儿园、一年级和二年级都是同一个老师——彼得森小姐，"他说道，"她很棒。当我们回来读一年级时，她又成了安布罗森太太，因为她在夏天结婚了。"

2013 年，布兰斯塔德仍然记得莱兰一年级同学的名字，并喜欢一一说出那些名字：让·海根、玛莎·霍莱德、洛斯·麦克莱恩、汤姆·安布罗森和保罗·布伦。三年级时，当地乡下学校关闭，班里又来了维吉尔·门恩、道格拉斯·梅内克、罗伯特和丹尼斯·纳特、哈罗德和玛乔丽·斯温森。

布兰斯塔德从小就养成了关心他人的优点，这也成为他政治成功的关键因素。"特里有种非凡的认人能力，能将脸与名字记得很熟，"得梅因著名律师莱尔·辛普森如是说，他在布兰斯塔德的政治生涯中起到很重要的作用。"这个能力多年来一直是他的巨大财富。"[7]

不过，在 20 世纪 40 年代和 50 年代，除了勤奋工作和上学，还有更多的生活内容。在艾奥瓦州北部长大给了孩子们很多机会穿越这片土地，学会欣赏艾奥瓦州丰富的遗产。这里地势起伏，可以探索森林、顺流航行，还可以漫步草原。

今天，只需横穿过高速公路，在布兰斯塔德家农场南面不远处就是占地 119 英亩的阿姆布罗休闲区，那里的一大特色是艾奥瓦州鱼孵化场，由温尼贝戈保护委员会负责管理。这个地区一直保持原貌，还跟 50 年代布兰斯塔德家的孩子们成长的时期一样，甚至保持了比那还早的时期的样貌。

温尼贝戈河穿过布兰斯塔德家的农场，特里、蒙蒂和朋友们在树林里玩罗宾汉，用黛西 BB 枪打鸽子，诱捕囊鼠，猎捕浣熊、鸭子和松鼠。特里 12 岁时甚至加入了莱兰狐狸俱乐部，得到了俱乐部的专属别针，可以别在帽子上。

"冬天，我们会去猎狐狸和长耳兔，"他说道，"大人孩子加起来有 40 到 50 人，有时候我们能抓到五只狐狸，大约四五十只长耳兔。汉斯·霍尔顿和哈普·布伦是莱兰狐狸俱乐部的领导和组织者。"[8]

不过，他最大的一次冒险没有得到母亲的认可。他的一个朋友——罗恩·霍兰德有一天去当地的一家理发店理了一个虽然算不上极其怪异，但确实相当大胆的发型：脑袋中间有一片厚厚的头发，而两边光秃秃的一点头发都没有。这是莫霍克发型，是詹姆斯·芬尼莫尔·库珀的著名小说《最后的莫西干人》中描绘的印第安部落风格的发型。布兰斯塔德觉得这个发型很酷，决定也要理一个。

"那是在我上六年级的时候，妈妈对此很不高兴，"他微笑着说，"是罗恩·霍兰德给了我这个想法。"[9]头发很快就长起来了，这是布兰斯塔德唯一一次理莫霍克发型。让人难过的是，霍兰德没能见到他的朋友入主州长办公室，因为几年后他在一次自行车事故中遇难。

未来的州长可以如数家珍地说出他青年时期莱兰众多企业家和主要执法人员的名字。"奥托·诺尔特是警察局长，也是市长，"布兰斯塔德说，"我们那会儿调皮捣蛋，惹得他追着我们跑。20世纪50年代电视机出现时，他卖杜蒙牌电视机，还开了诺尔特咖啡厅。他妻子是厨师。他们的孙女莎朗·罗伯茨仍然住在莱兰。"

那时莱兰有两家杂货店、一个带升降机的谷仓、一家孵化场、三座加油站和一个酒吧。"哈普·布伦是理发师，旁边是吉德森的杂货店，他有弓箭头，甚至有把战斧，"布兰斯塔德回忆道。[10]

为了度过漫长的夏天，孩子们从街中央的井中取水进行水枪大战。对于50年代在中西部小镇长大的孩子们来说，电影是特别的待遇，莱兰也不例外。吸引大家的主要是小成本制作的西部电影，讲述的都是熟悉的主题，还有各种工作室大批量生产的动画片。

"我们那时没有电影院，但在夏天他们会在空地上放置大屏幕，放映免费电影，"他回忆道，"他们会先播放波尔卡音乐，然后我们安静下来看电影。这对孩子们来说是一大盛事。"[11]

尽管布兰斯塔德不记得鲍勃·贝克的名字，但他很有可能看到过那位弗瑞斯特市人在黑白老西部片的荧幕上闪过。贝克于1910年11月8日出生在弗瑞斯特市，原名斯坦利·韦德，他中间的名字为莱兰，这是为了纪念他的爷爷约翰·D·莱兰，村子的创始人。

斯坦利·莱兰·韦德最终去了好莱坞，在20世纪30年代末和40年代初期，他在环球影城脱颖而出，成为B级西部片明星。工作室将韦德的名字改为鲍勃·贝克，他击败其他对手饰演了演艺生涯的第一个角色，这其中就包括来自俄亥俄州达克伦的伦纳德·斯莱。斯莱后来被共和国电影公司选中，更名为罗伊·罗杰斯！

但是，特里·布兰斯塔德却发现了本地英雄赫伯·汤普森，他在1949年的艾奥瓦州高中篮球锦标赛中带领弗瑞斯特队获得第二名。在1949年的决赛中，弗瑞斯特队以27∶39输给奥塔姆瓦，整个下半场的得分仅为7分，全是汤普森获得的。汤普森在整个比赛中创造了新的州得分纪录。

艾奥瓦大学学生报的专栏里把汤普森作为全州的英雄进行报道，那时他还在该校上一年级。该专栏作者是杰克·本德，他随后当了很多年的社论漫画家，最终成为艺术家，在全国多家报刊上同时发表了艾力·吴普系列漫画。

"赫伯担任弗瑞斯特市中学校队队员四年，在最后两个赛季里，他被选入全州第一队，"本德写道，"在这四年里，弗瑞斯特市五人帮进入了艾奥瓦州的篮球版图。赫伯来自一所有 275 名学生的中学，但是在那里，篮球深受喜爱，每年有 50 名男生会来参加这项运动。"[12]

汤普森是艾奥瓦州的传奇教练巴克·奥康纳的三年制正选球员，被称为鹰眼队 1952—1953 赛季最有价值球员。"赫伯·汤普森是我儿童时代的英雄，"布兰斯塔德在 2013 年这样说道，当时他正驾驶着 SUV 行驶在 80 号州际公路上，前往艾奥瓦城观看十大联盟的橄榄球赛，彼时鹰眼队将对阵密歇根队。"回到家乡，他是篮球大明星，后来在艾奥瓦州他也是大明星。我们在收音机上收听所有比赛，我记得自己还是个孩子时曾跟他说过话，印象极为深刻。后来他有了个儿子，叫斯科特，也在艾奥瓦州打篮球。"

"对于像我这样的小镇孩子来说，赫伯·汤普森是我们仰望的榜样，就像尼尔·肯尼克之于阿德尔一样。他的妹妹和我的阿姨赫伦在莱兰中学打女子篮球。"[13]

大学毕业后，汤普森开始了长期而成功的教练生涯。从韦弗力开始，1961 年他带领梅森市队在州赛中夺得第四名，之后，他在伊利诺伊州莫林高中执教 13 年。1977 年他离开教育领域，转投房地产，至今仍在做这一行。

"我在莱兰长大，和州长的爸爸一起打过棒球，"汤普森在2014年对笔者说道，"我经常遇到布兰斯塔德州长，他总是很友善。20世纪80年代弗瑞斯特市举行了大型的校友聚会，邀请了温尼贝戈的创始人约翰·汉森、州长布兰斯塔德和我站在台上。能和他二人站在一起我感到非常荣幸。"

"我不太了解那些英雄的言论，但认识州长我很自豪。他的成就令人难以置信。"[14]

很多莱兰孩子梦想着将来能够大获成功，就像赫伯·汤普森一样。

"让·海根家的谷仓里有个篮球筐，莱兰有个小健身房，"布兰斯塔德回忆道。莱兰的孩子们经常临时凑起比赛，他们在谷仓里、在斯蒂博篮球场或者任何有篮球筐的地方学会了打篮球。

1955年12月，布兰斯塔德一家到加利福尼亚州的帕萨迪纳旅行，观看了1956年1月2日的玫瑰花车大游行，却没有观看密歇根州以17：14打败加州大学洛杉矶分校的比赛。布兰斯塔德说："我们是开车去的，玫瑰花车大游行的前一晚，我们在外露营。弟弟和我睡在车里。那次旅行很棒。"[15]

就在第二年，福雷斯特·伊瓦舍夫斯基与坚韧不拔的艾奥瓦球员们实现了全州人民的梦想，创造了8：1的纪录，获得了学校历史上第一个玫瑰碗名次。比赛是在1957年1月1日进行的，莱兰的布兰斯塔德一家与千千万万的艾奥瓦人一样，坐在电视机或收音机前见证了鹰眼队以35：19战胜太平洋沿岸冠军俄勒冈队。鹰眼队四分卫肯尼·普伦是克林顿人，被评为该赛最有价值球员（十大联盟赛早先也给予他同样的荣誉称号），后来他成为加拿大橄榄球联盟历史上最伟大球星之一。

棒球运动也很流行，是布兰斯塔德家生活的重要组成部分。爱德华·布兰斯塔德是莱兰镇队员，特里经常跟着爸爸去看比赛。特里八年级时，曾跟着让·海根及他的父母吉尔默和维吉尔去圣路易斯看红雀队的比赛。

"斯坦·穆休是我最喜欢的球员，"谈到红雀队的传奇故事时他说道，"但我也喜欢（波士顿红袜队的）泰德·威廉姆斯，当然还有艾奥瓦州的鲍勃·费勒（范米特的轰动人物，与克利夫兰印第安人队入选名人堂）。[16]

布兰斯坦塔德州长 1995 年参加了范米特的鲍勃·费勒博物馆开馆仪式，这位传奇投手向他发出了邀请。"他说如果印第安人队能打入世界冠军赛，他希望我以他的嘉宾的身份去克利夫兰观看比赛，"布兰斯塔德回忆道，"我本以为印第安人队进入世界冠军赛的机会很小，甚至没有。但是真想不到，他们突然间就打入了世界冠军赛，于是我带着父亲到克利夫兰与鲍勃·费勒坐在一起观看了系列赛的第五场比赛。"

在 20 世纪 60 年代，特里·布兰斯塔德也在较小的环境中锻造了自己的运动生涯。年少时他打小型棒球。1963 年，弗瑞斯特市中学队一路打入在得梅因举行的州锦标赛，这为当时十年级的布兰斯塔德提供了第一次前往首府的机会。

在中学，他打了四年橄榄球和棒球，还打了一个赛季的篮球。1964 年秋天，他在读高中，弗瑞斯特队打出了 5：3 的橄榄球赛纪录，有望在北艾奥瓦联赛中争第二。特里·布兰斯塔德在全联盟赛中打进攻或在后卫防守，并获得荣誉奖。

"吉姆·雷德尔是我们的橄榄球教练，他总是这样激励我和队友们，'当你们感到前进困难时，困难就即将过去！'"艾奥瓦州州长几十年后说道。

雷德尔在锡达拉皮兹长大，是柯伊学院的高级运动员，未来的国家橄榄球联盟传奇教练马夫·利维是他的后场教练。雷德尔从 1961 年到 1965 年在弗瑞斯特队当教练，他对特里·布兰斯塔德印象不错。

"特里是我班上的新生，是个完美的学生，"雷德尔在 2014 年说道，"他努力学习，总是超额完成任务，我想这可能是从他母亲那里学到的。他为我打橄榄球，而他就是我们所说的超优生。他会研究他的位置，并且总是知道该怎么做。

"他体重 169 磅，是球队第二重的孩子，"雷德尔说道，"他是哨锋，但是却总是想做跑锋。所以在我们对米尔斯湖的比赛中，当我们领先时我就让他控球。他在阻拦之后切入，在跑往达阵时丢了球，没有任何原因。他回到边线时说，他明白为什么自己做不了跑锋。"[17]

雷德尔后来搬到费耶特的西联高中，之后又去了康宁。1971 年季后赛生效之前，他的队伍以 9：0 的战绩被《得梅因纪事报》

排为全州第一位。1974 年他离开教育行业进入销售领域，现在住在阿纳莫萨。现任州长曾是他的学生，这让他感到很自豪。

"特里能取得这样的成就，我一点儿不感到惊讶，"雷德尔说，"我不知道他将来会去做什么，但我知道他会成功。他是一个非常认真的年轻人。每次看到他时，他都很亲切和大方。"[18]

布兰斯塔德上高三的那年春天，弗瑞斯特市棒球队以 6：3 的总成绩获得小组赛冠军，但在区域赛却以 0：1 输给韦弗力。就在前一年，弗瑞斯特市仅在班克罗夫特主场以 0：1 输给了班克罗夫特圣约翰队，而该队后来赢得全州锦标赛，布兰斯塔德对此很自豪。

体育是布兰斯塔德后来生活中重要的放松形式，在之后的 50 年里，他喜欢参加全州的各项体育赛事。同样重要的是，体育教会了他如何以最高水平进行竞争——在风云诡谲的政界，这让他受益匪浅。

03

遇见赛维克小姐和戈德沃特先生

在特里·布兰斯塔德的学生时代，有两个人对他后来在政治上的发展乃至整个艾奥瓦州都有很大的影响，一位是本地人，另一位则是国家层面的人物。第一位是卢拉·赛维克老师，她影响了许多上过她课的孩子们。

"赛维克小姐……很严格，"2014年的一个春日，杰夫·特威腾坐在弗瑞斯特市曼森博物馆的档案室里摇了摇头，笑容在他脸上蔓延开来，"1971年，我在她带的最后一个班里，她很严厉，但她是一个很棒的老师。在她的课上能学到很多东西，而且你会感觉到她是真的很在乎自己所教的课程，并且也很在乎你这个人。"[19]

卢拉·赛维克在45年的教学生涯中给许多学生留下了深刻的印象，对特里·布兰斯塔德也是如此。

"我很幸运，因为我上学时一直有好老师，真正的好老师，"特里说道，"赛维克小姐在弗瑞斯特市教八年级美国历史，她花了很多时间在《权利法案》和《宪法》上。她还教我们尊重别人的权利和意见，也教我们承担责任。

"弗雷德·史密斯教艾奥瓦州历史和公民学，也是橄榄球、篮球和棒球教练。我记得我在他的课上做过一个课题：我做了一个大大的笔记本，里面满是关于艾奥瓦州的信息。我用大大的字母把艾奥瓦这个词写在封面上，"他微笑着停顿了一下，"我因此得了 A。"[20]

这个笔记本现在在曼森博物馆展出，同时展出的还有 12 箱布兰斯塔德的纪念品。

听特里回忆学生时代，很显然卢拉·赛维克在他的记忆里占有特别的位置。他深情地回忆起她有两只不同颜色的眼睛——"我觉得，一只是棕色的，另一只是蓝色的"——但最重要的是，他记得她对这个国家及其政治和公民传统的热情。

"赛维克小姐以使人们注册投票为己任。我们其中一项课堂作业就是出席一次市议会会议并撰写报告，"布兰斯塔德回忆道，"卢拉·赛维克和弗雷德·史密斯两位老师对我的职业生涯产生了重要影响，他们是我政治生涯的催化剂。

"我们在弗雷德·史密斯的课上搞过一次模拟法庭。实际上，我们在温尼贝戈县法院完成了审判的最后一部分，我和辛西娅·查尔森是原告律师。对我们大家来说，那是很好的经历。"[21]

1965 年，弗瑞斯特市毕业班的两名学生（特里·布兰斯塔德和辛西娅·查尔森）在艾奥瓦大学继续接受教育。查尔森，大家称为辛迪，选择了教育事业。她嫁给了律师约翰·门罗，最后去了锡达拉皮兹，在退休前曾担任过几所学校的校长。

她记得丽塔·布兰斯塔德是"一位非常坚强的女性"，因此对于特里·布兰斯塔德在政界的成功丝毫不感到惊讶。"我在五六年级就可以看出来，"她说道，"他爱这个州，他不以自我为中心……他在乎的是他个人之外的东西。"[22]

作为一个坚定的自由主义者，辛迪承认她可能经常不太同意她老同学的政策，但她从不怀疑他的诚意，或者说不怀疑他的工作精神。"他不害怕把手弄脏；他在农场长大，学会了长期而又辛勤地工作，就像所有的农场孩子一样，"她说道。她还认为弗瑞斯特市的氛围很好，人们可以持有不同观点，可以就这些观点进行讨论，而不会充满敌意。

"像我们这样在小镇长大的好处之一，是有一个能够平等交换意见的环境。当然，还有那些很特别的教师的课堂技巧。

"当我想到卢拉·赛维克和史密斯先生时，我觉得他们有方法使你讨论所学的东西，"她说道，"并能学以致用。他们真的很在乎学生。"[23]

莎莉·（普利克特）·布朗也很认同这一观点。她也在弗瑞斯特市长大，但是毕业于艾奥瓦州立大学，在兽医学领域成就斐然。她曾受到两任州长罗伯特·雷和特里·布兰斯塔德的任命，在州委员会任职两届，2007年她成为艾奥瓦州立大学教学医院劳埃德兽医医疗中心主任。对与赛维克共度的时光，她也有着美好的回忆。赛维克租住在她祖父母诺姆和莫德·瑟斯顿的公寓将近40年。

"那是一个可爱的家，卢拉住在楼上的一间卧室，"莎莉在2014年说道，"它很小，很小。但是这么些年她就选择住那里。

她一直没有驾照，但是房子离学校和城里只有一个街区，所以她可以步行去上班或进城。

"她几乎每天都穿着紫色衣服，那是她最喜欢的颜色。她还和另外两位女士每周玩几次凯纳斯特纸牌游戏。她们通常三缺一，所以我会和她们一起玩，尽管我那时才上初中。我告诉你们，这些游戏很难，而且大家一视同仁。"[24]

赛维克在学校也是一视同仁。她严于律己，也总是严格要求学生。对她来说，纪律和当天所要上的课一样，都是排第一位的。莎莉想起了赛维克曾经用极端手段"教育"一个爱捣蛋的学生——他总是无视赛维克上课期间不许说话的规定。有一天，他还是不断讲话，她于是大步走过通道，来到他的座位旁边狠狠给了他一个耳光，于是他连人带椅向后仰翻过去。

"他被椅子绊住，试图站起来，"莎莉说，"她转过身平静地回到讲桌边坐下继续上课。那个孩子后来再没有不遵守纪律，听说他在班里还得了 A。我不知道他后来怎样了，但我知道他与我们一起毕业。

"我永远不会忘记那一刻，"莎莉说，"今天这样的事情再也不会发生，但是当时确实有效。卢拉·赛维克是位传统的老师。我以为那时候的女教师甚至都不能结婚。教学是她的职业、她的生命、她的激情——她全身心地投入其中。她非常认真，教学时一丝不苟。"[25]

她在弗瑞斯特市工作的后期，瑟斯顿夫妇去世，他们的房子也卖掉了，赛维克于是在曼森博物馆里找了个房间住下。退休后，她搬到故乡伯特，那是位于弗瑞斯特市以西40英里处的一个小镇，约有500户居民。当朋友们聚集在一起庆祝她的90岁生日时，艾奥瓦州州长也出席了。

她在45年（在弗瑞斯特市初中37年）的教学生涯中获得了许多荣誉。1970年，她被宾夕法尼亚州福吉谷的自由基金会授予了自由基金会奖，成为全州唯一获此殊荣的教师。

卢拉·赛维克于2000年去世，享年95岁。她的讣告上说，她教会了"5000多名学生三件事——权利、尊重与责任"。在45年的教育生涯里，她的精神激励了数以千计的学生——也遗留给了她最知名的学生：特里·布兰斯塔德。

卢拉·赛维克对布兰斯塔德早期的职业生涯产生了最深刻的影响。但可以肯定的是，亚利桑那州的一名政治家真正改变了他的人生方向，并一路指引他走向州首府得梅因。

1960年，巴里·戈德沃特的《一个保守党的良心》首次出版后，对美国公民产生了巨大的影响。在凤凰城成功的商业生涯之后，戈德沃特在1952年竞选美国参议员并获得席位，1953年开始他的第一届六年任期。有人认为他为美国带来了历史上最保守的政治观点。他也崇拜赫伯特·胡佛，后者是艾奥瓦人，1928—1932年任美国总统。

戈德沃特在1964年获得共和党总统候选人提名，他在艰苦的初选中击败了对手、纽约州州长纳尔逊·洛克菲勒。与时任总统林登·约翰逊的政见不同，他的竞选活动的核心是各州的权利以及打击全球共产主义传播。

戈德沃特赢得了南部五州，但除了家乡亚利桑那州以外，他失去了其他所有的州。他的溃败为约翰逊总统的"伟大社会"项目打开了大门，也带来了一个全新的重现生机的共和党，并从中涌现出了一位富有活力的领导人——罗纳德·威尔逊·里根，他与艾奥瓦州有着深远的关系。

布兰斯塔德的母亲是民主党人，所以在家里，这是他最熟悉的政治环境。她甚至为1957—1961年的艾奥瓦州民主党州长赫歇尔·洛维里斯做过一些工作。但是，布兰斯塔德在初中时读了戈德沃特的书后便改变了政治观点。

"是我的伯父卡尔建议我读的这本书，那时我大概在上初中，"特里说道，"就在那时，我确信自己在财政方面是个保守派。"[26]

戈德沃特的主要观点如下："历史已经证明，政府是阻挠人们自由的主要工具。政府代表少数人用权力来控制和规范其他人的生活。如阿克顿勋爵所言，权力使人腐败。'绝对权力，'他说，'绝对会带来腐败。'"[27]

此外，他说："我对精简政府或提高效率没有什么兴趣，因为我主张缩小政府规模。我不承诺提高福利，因为我提倡扩大自由。我的目标不是通过法律而是废除法律；不是开启新的法案，而是废除旧的法案，后者或者践踏宪法，或者未能达成目标，或者给人民带来了无端的经济负担。"[28]

戈德沃特憎恶联邦政府权力的无限扩张，决定控制住这匹野兽。他说政府"已经进入了自认为需要它的一切领域。结果就是利维坦，一个庞大的、脱离了人民、不受人民控制的国家权力机构。这种权力的垄断仅受身居高位的人的意志控制"。[29]

"权力越来越集中在少数人手中，这让我忧心忡忡，"他写道，"我们会被炸弹或颠覆者征服；但我们也可以被各种无视征服——无视宪法，无视有限政府的原则。"[30]

在抨击失控的救济项目时，他这样写道："福利主义的万恶之处在于把自尊、勤奋、有自立精神的个人在不知不觉中转变为不能自立的动物。在福利国家，人格的损伤无法避免。"[31]

这位前参议员在"权力的危险"一章中解释了起草《宪法》时国家创始人的想法，然后提出了一个问题："我们的国家政府是如何从具有极其有限权力的仆人成长为几乎掌握无限权力的主人的？"[32]

这个问题自戈德沃特时代起就存在，历经共和党和民主党总统及国会领导权的更迭，也存在于各州政府中。这个问题也是特里·布兰斯塔德在他的政治生涯中一直苦苦思索的问题。

20世纪80年代初，戈德沃特回顾了他那本小册子的影响。他说那是"那个时代大学生的地下书。媒体、多数的大学教授和其他自由主义者几乎忽略了它，而他们长期以来一直垄断了流向美国人民的信息。这本书第一次印刷了1万册，售价3美元；最终，精装本和平装本售出超过400万册，成为反对富兰克林·罗斯福和自由主义议程的右翼人士的集结号。"[33]

在莱格里尼出版社 1990 年再版的引言里，派特里格·布坎南描述了 20 世纪 50 年代保守党的困境。那时，苏联的势力在全球范围内出现，尤其引人注目的是，它也出现在佛罗里达州南边的古巴，另外，苏联的人造卫星也发射成功。

"该书出版后，巴里·戈德沃特成为我们的英雄，因为他的总统竞选将成为我们那代青年的伟大事业，尽管 1964 年在媒体对'失去理智的党派'的大肆嘲弄中成为过去。但是，严冬的到来并不会削弱那年春天的蓬勃之势。年轻的保守党们团结一致，为 64 年的共同事业浴血奋战，虽然失败了，但他们有一天终将改变世界。"[34]

"我们在弗瑞斯特市中学就总统候选人进行了辩论。1964 年，当巴里·戈德沃特到梅森市机场时，我带着一群学生去见他，"布兰斯塔德说道。"那是特别的一天……也是弗瑞斯特市老罐头厂烧为平地的那天，幸运的是没有人受伤。"[35]

布兰斯塔德还热切地回顾了罗纳德·里根在 1964 年代表戈德沃特发表的一篇《选择的时代》的富有感染力的讲话。两年后，里根首次参选加利福尼亚州州长（里根于 1967 年 1 月至 1975 年 1 月担任过两届州长）。这个鼓舞人心的讲话使里根一举成名，登上国家政治舞台，也给艾奥瓦州未来州长留下了深刻的印象。

"里根的演讲非常流畅，而戈德沃特非常耿直，"布兰斯塔德说道，"他俩风格差异很大。"[36]

1965 年，布兰斯塔德还是深受家人的影响，仍然加入了青年民主党，但是"感到不太受欢迎"，很快他们就分道扬镳。1966 年，布兰斯塔德在艾奥瓦大学读二年级，他听到年轻的州代表查克·格拉斯利在艾奥瓦大学为大学共和党人发表讲话，"然后我开始真正积极地"加入到共和党政治中。

"我得说，财政责任的概念强烈地吸引了我，这也是我成为共和党人的主要原因。"[37]

在总统竞选大败后，戈德沃特再次返回参议院完成他的两个六年任期。他于 1998 年去世，享年 89 岁。他的政治理念虽然逐渐被人淡忘，但依然流传下来。在财政问题方面他是极其保守的，但他对社会问题却并非如此。他的保守政府的理念有很多追随者，其中就包括一个来自艾奥瓦州莱兰的年轻人，他注定要成为历史上任期最长的州长。对布兰斯塔德的政治成功并不感到惊讶的人中，有一位是萨莉·派克里特。

"我的祖父是地方法院法官，而我的父亲罗杰是律师，特里的母亲丽塔和我母亲在同一家桥牌俱乐部。我们的父母在我和特里认识之前就彼此认识，"萨莉在 2014 年说。

"我对特里的最初印象来自上初中的时候，那时，莱兰的孩子们都来到弗瑞斯特市上学。他比我高一个年级，但我清楚地记得，有一天我们几个人在走廊里谈论将来要做什么，特里说他要当州长。

"有几个孩子笑了，但我没有。我说我想成为兽医。当时没有任何女性当兽医，所以这两个想法似乎都是荒唐的。"但是，她成为从艾奥瓦州立大学毕业的第一批女性兽医学学生，而艾奥瓦州立大学是美国第一所开设兽医医学院的大学。[38]

"我们在这方面是一样的；我们都有点与众不同，"她回忆道。

萨莉在兽医教学医院遇见了苏格兰人安东尼·派克里特，1975 年他们在弗瑞斯特市结婚。他们一起在兽医学领域开始了长期而又非常成功的职业生涯。他们在康明开办诊所，最后退休去了格伦伍德。

安东尼于 2013 年 10 月去世，但布兰斯塔德州长依然非常欣赏他们的工作以及与他们一起度过的时光。这种感觉是相互的。

"我非常幸运地拥有了我的家庭和我从小学阶段开始获得的教育，"萨莉说道，"许多人一直帮助我。那些在弗瑞斯特市学校体系和相关社区（包括莱兰、佛泰尔等）的人当时都有成功的机会，只要他们选择这么做。

"我认为自己是终身学习者，喜欢尽可能地学习新东西。开放的心态是强大的工具。我也很幸运有特里·布兰斯塔德这个朋友。在我看来，毫无疑问，他在艾奥瓦州帮助的人数之多可能前无古人，也后无来者。"[39]

高中毕业后，特里·布兰斯塔德准备进入更深层次的领域，在更大的平台上考验他对保守党政治的新承诺。在弗瑞斯特市高中的年鉴中，他的照片的标题写道："他承认每个问题都有两面——他的和错误的。"

1965 年秋天，他去了艾奥瓦大学来验证这个公理，并开始塑造他的未来。

04

踏上艾奥瓦州
政治偶像之路

那个秋天，特里·布兰斯塔德和辛西娅·查尔森是弗瑞斯特市高中班里仅有的两位进入艾奥瓦大学的学生。在艾奥瓦大学读了一年后，布兰斯塔德在双子城的迪安·L·威彻建筑公司工作，时薪4.15美元。他把在农场的工作精神带到了艾奥瓦市，头两年，他在希尔克雷斯特的男子宿舍做兼职。第三年，他在伯吉厅的女子宿舍工作以增加收入。他还获得了国防学生贷款，"直到我成为州长后才还完贷款，"他在2014年说道。[40]

他是在艾奥瓦大学注册时初次遇到了神秘的切斯特·丁贝尔伯里先生，后者一直陪伴他至大学毕业。一年级第二学期开始时，布兰斯塔德和朋友在体育馆排着长长的队伍等待注册。体育馆宽敞古旧，是举行大型体育比赛、上体育课、预备役军官训练和校内活动的地方。但是，布兰斯塔德和他来自布列特的朋友大卫·达尔曼因为课表上没有辅导员签名而不能注册。两名新生心情沮丧，很担心失去上课机会，于是决定杜撰一个"丁贝尔伯里先生"。他们在表格上签上他的名字，负责登记的工作人员对此点头通过。

"丁贝尔伯里先生是我们四年的顾问，"州长在2014年笑着说道，"他为我们提供很好的建议，一切顺利。"[41]

布兰斯塔德的主要学习领域是政治学，但他又辅修了一门社会学专业。他喜欢艾奥瓦市活力四射的校园生活，继续其青春时期对鹰眼运动的热爱。他参加体育赛事，在新生棒球队打球，他始终记得在一场练习赛中他的满贯本垒打。不过，也许他最喜欢讲述的大学故事多与真诚有关，这是他最看重的品质之一。

"你知道啊，艾奥瓦大学在许多方面是一个相当自由的大学，"他微笑着说道，"一年级时我在修辞课上作了一个演讲，讲完后有位同学说：'我对你所说的并不完全同意，但我不怀疑你说话的诚意。'" [42]

在未来的 40 多年里，他所开拓出的职业生涯，不管在哪个州的政治史上都能位列最杰出的之一，而贯穿始终的重要品质正是真诚。许多人可能不同意特里·布兰斯塔德的信条和想法，但很少人会质疑他的诚意或信念。

莱尔·辛普森是布兰斯塔德的长期顾问和知名的得梅因律师事务所的资深合伙人，因为近水楼台的缘故，没有人比他能更好地看到布兰斯塔德的职业发展。他很久以前就赞同修辞课上那位不知名的同学的观点。

"毫无疑问，州长的真诚和诚实是让他如此成功的重要原因，"2014 年辛普森坐在公平大厦的律师事务所里说道，"特里·布兰斯塔德是个非常诚实、真诚的人，在他身边不管待多长时间的人都知道并了解这一点。他们可能会不同意他的立场，但他们知道他的信念是真诚的。" [43]

从艾奥瓦大学毕业后，布兰斯塔德应征入伍。他于 1969 年 9 月 17 日入伍，被派往路易斯安那州波尔克堡进行基础训练。40 多年后，有两件事情他仍然记得很清楚。"他们张贴了那个地区各种蛇的照片来提醒大家"，他在 2014 年说道，"水腹蛇、面口蛇、珊瑚蛇甚至响尾蛇。还有夜间演习，你必须贴地爬行，因为他们用机枪射出的曳光弹就从你的头上飞过……那时你会真的害怕。"[44]

新兵抵达波尔克堡的接待站后进行了能力测试，并在八周的基础训练结束后接到命令。布兰斯塔德在大学学习过 12 个小时的犯罪学课程，这会使他被派去当宪兵。布兰斯塔德被派到佐治亚州戈登堡进行了八个星期的训练，然后被派往北卡罗莱纳州的布拉格堡，那是西半球最强的军事基地之一。该基地成立于 1918 年，现在占地超过 250 平方英里。基地以内战中一位联邦将军的名字命名，目前是美国陆军空降部队和特种部队的驻地，也是美国陆军司令部和陆军预备队指挥部。1961 年，营地成为东南亚反叛乱部队训练中心。据估计，1966—1970 年期间，超过 20 万名军人在此营地进行了基础战斗训练。

"我有亲戚参加了第二次世界大战，我想充分利用这次军事训练，使之成为我的学习经历，"布兰斯塔德在 2014 年回忆道，"所以身为宪兵我感到自豪。我干了两年宪兵，这是很好的经历。我被选为宪兵司令的司机，并担任该职位一年多。"[45]

宪兵司令是赫维·基特上校，尽管他们年龄和级别不同，但两人形成了亲切友好的关系。特里会把上校的女儿们带到罗尔德比，而基特显然意识到了布兰斯塔德的政治抱负，他曾经告诉后者："当你成为国会议员时，我想成为你的参谋长。"[46]

布兰斯塔德开车送上校去参加会议。在布拉格堡，演员简·方达由于抗议越战、同情越共引发全国争议，她宣布将去基地举行抗议活动。特里收集了 19 页的文件说明为什么不允许她这样做，于是军方拒绝了她的请求。但她最后还是来了，于是被捕，但特里本人没有参与逮捕。

在布拉格堡期间，他被授予"军营之星"，级别从 E1 很快提升到 E5。他提前几个月结束了服役，于 1971 年 7 月底回到大学，这在当时是很普遍的情况。

"我同时被艾奥瓦大学和德雷克大学的法学院录取，"他说道，"德雷克的学费比较昂贵，但是多亏了军人安置法案，我才能够读得起。吸引我的主要原因是德雷克位于首府，而我对政府的兴趣不容我错过这个好机会。"[47]

他从士兵顺利过渡到法律生，但一回到艾奥瓦州，他的生活即将发生巨变。他与一位法律专业同学约翰·麦克斯韦成为朋友。约翰在得梅因长大，和一位当地女孩约会，女孩有一位朋友他们认为布兰斯塔德可能会喜欢。她的名字叫克莉丝汀·约翰逊，布兰斯塔德决定给她打电话。第一次尝试不顺利，但不是因为特里或克莉丝做了什么事情。事实上，克莉丝从来没有接到过电话。

克莉丝汀·约翰逊·布兰斯塔德是理查德和克拉拉·约翰逊五个孩子中最大的。他们夫妇在 1949 年因相亲而认识。理查德·约翰逊出生于道奇堡东部小小的邓科姆，克拉拉来自道奇堡西北几英里外的克莱尔。约翰逊第二次世界大战期间在犹他州的一个空军基地工作，然后搬去了洛杉矶，但由于洛杉矶的"生活有点困难"而回到了艾奥瓦州。他在韦伯斯特县做测量师。[48]

他们于 1951 年结婚，在道奇堡住了几年后，理查德开始在电气工程和设备（称为 3E）公司工作，克拉拉在当地一家银行工作。当 3E 关闭道奇堡的工厂时，他们为理查德·约翰逊提供了得梅因公司的工作，于是，1954 年他们全家搬到南方。理查德于 1990 年结束了在公司 40 年的职业生涯，退休前是工业销售部经理。

他们的两个年长的孩子——克莉丝和玛丽出生在道奇堡，而接下来的三个孩子——凯文、凯伦和大卫出生在得梅因。

"我在南方长大，民主党家庭。我们不认识任何共和党人，"克莉丝·布兰斯塔德说。她就读于圣约瑟夫学校，那是露台山下的一所女校。"我上学路上几乎天天路过这里，却从来没有认真看过它，"2014 年 2 月 5 日，她坐在露台山的官邸说道。圣约瑟夫学校成立于 1885 年，1972 年与道林中学合并，而后者是在 1918 年成立的男校。[49]

克莉丝·布兰斯塔德于 1970 年毕业于圣约瑟夫学校，然后去艾奥瓦大学读了一年。"但是那时候我不太喜欢学习，"她说，"于是便回家工作。"她在"家庭财务"公司工作并与父母一起生活。1971 年那个秋天的晚上，未来的艾奥瓦州州长给她打电话，准备跟她约会。

"他在晚饭时给我打电话，那是我们家的神圣时刻，"她苦笑着说，"在餐桌边坐好，吃光盘子里的一切食物，不能和任何人讲电话。特里打电话时是爸爸接的电话：'晚饭时间她不接电话。'我很生爸爸的气——我三个月没约会了，我不知道他会不会再次打来。"[50]

2014 年秋天，提起此事，理查德·约翰逊笑了起来。"嗯，我们晚饭时间就是不接电话，"他说，"我欢迎他晚餐后再打来。"[51]

特里当晚没有再打电话，第二天晚上也没有，因为他开车去艾奥瓦市听来自德克萨斯州的美国参议员约翰·托尔的讲话。但是，持之以恒是布兰斯塔德的一个特质，而他在几十年中已经无数次表现出这一特质。他两天后又打电话邀请克莉丝周末和他一起去德雷克参加返校节。她同意了，那次约会至少可以说进展得比较顺利。

"我们去了返校节的橄榄球比赛，然后去吃晚饭，最后去了海伦·雷迪音乐会，"她说道，"当他带我回家的时候，我问他第二天早上是否愿意和我一起去做弥撒，他说他愿意，"她稍事停顿，"我们一个月后订婚了。"[52]

特里·布兰斯塔德的父亲是路德派信徒，母亲是犹太人。他一点没有天主教的背景，但在见到她两天后，他告诉克莉丝他想成为天主教徒。他认真对待这一承诺，非常认真地与她建立长期的关系。那个圣诞节，他送给她一个大盒子。她打开盒子，看到一个礼品盒，然后又一个。她快速打开五个盒子，在最后一个盒子里发现了一枚订婚戒指。

他们于 1972 年 6 月 17 日在得梅因的基督国王教堂结婚。克莉丝·约翰逊不知道当她同意成为特里·布兰斯塔德夫人时，意味着她将来会有什么样的改变。他们在莱兰以北租了农舍，克莉丝迅速领会了布兰斯塔德家族的工作精神。他们在农场里养猪，特里每周三天前往得梅因南部的德雷克听课，单程开车近两个小时，然后回家做家务和学习。克莉丝开始在弗瑞斯特市的温尼贝戈公司工作，并尽可能地照看农场。

"她是个城里女孩，却在那儿帮助打扫谷仓，"布兰斯塔德坐在州议会大厦的州长办公室里回忆道，"我们也养了几只圣伯纳小狗。真希望我们有那时候这些小狗的照片。"[53]

"我们开始约会时，他在法学院读第一年，"克莉丝·布兰斯塔德说道，"但在我们结婚之前，他已经在竞选州立法委员。"[54]

在弗瑞斯特市上八年级时，他勇敢地跟老师、同学们宣布有朝一日他要成为州长。从那之后，特里·布兰斯塔德进军艾奥瓦州政界的努力就一直没有停止。在履行完军事义务并选择德雷克法学院之后，他发现自己沉浸在能激发其各种理念的政治环境中。在得梅因，不管他在什么地方—收音机里、《得梅因纪事报》上和校园周边，政治总是热门话题。

1972 年秋天，艾奥瓦州最高法院驳回了立法重新分配方案，并宣布了自己的方案。该决定推后了初选申请截止日期。当包括温尼贝戈县在内的新区没有立法委员的消息传来时，布兰斯塔德突然看到了机会，并抓住了它。他决定竞选州众议院八区立法委员，代表弗瑞斯特市、莱兰、米尔斯湖、科苏特县北部和埃梅特县 12 乡镇中的 11 个乡镇。该地区有很强的保守传统，特里·布兰斯塔德准备好开始行动。

讽刺的是，艾奥瓦州民主党为其最大对手的出现起了推波助澜的作用。立法委习惯于每十年重新分配一次地区，但在 1971 年民主党决定挑战这一传统。妇女选民联盟也加入进来，此案一路走到艾奥瓦最高法院，但未被受理。正是这起诉讼最终造就了八区，它包括温尼贝戈全县和汉考克县的部分地区，这是特里·布兰斯塔德最熟悉的地区。

"是他们的诉讼最终创造了八区，"他在 2014 年说，"那是我决定参选的时候。"但是他必须说服支持他的人，不是他的妻子克莉丝，而是他的母亲。丽塔·布兰斯塔德多年前为赫歇尔·洛维里斯州长竞选工作，是坚定的民主党人。但她除了儿子的政治信念之外，还有别的忧虑。

"我的母亲担心我不能完成法学院的学业，我告诉她不要担心，我会完成的。我父亲也不乐观，"布兰斯塔德回忆道[55]。但他尽力说服他们相信，他可以积极参加竞选，并能同时攻读法律和在农场工作。他不仅说服母亲他能够做到，而且说服她帮他竞选，这意味着她也得成为共和党人。

丽塔·布兰斯塔德还给儿子提了另一个建议。"妈妈说，你留着胡子是永远不会被选上的，"他笑着回忆道，"她想让我刮掉胡子，但是克莉丝说不要刮，所以……"多年来，他的胡子已经成为全州一直谈论的话题。虽然有人取笑，也有人喜欢，但他一直留着胡子。一直到 2014 年的竞选，他的政治邮件上的面部蚀刻画中依然很突出他的胡子。

"1972年4月，我们参加了埃斯特维尔的一个女性活动，"他回忆道，"那里我根本不认识任何人。但是埃斯特维尔—斯普利特湖地区的代表洛维·埃德伦坐在我身边，告诉我在埃米特县11个乡镇能够帮助我的关键人物。"[56]

于是，他的生活就这样忙忙碌碌，每周三次开车去得梅因，在德雷克上十个小时的课，还要与克莉丝（也有全职工作）一起养猪和做农场杂活，晚上进行竞选州立法委的活动。他的对手是布法罗市的埃尔默·莱布兰德市长，最终，布兰斯塔德以59%的选票获得了成功。布兰斯塔德的总得票数为7368票，莱布兰德的票数为5130票。

1973年1月，26岁的他第一次作为州立法委员走进州议会大厦，踏上了艾奥瓦州政治偶像之路。但他还必须挣钱谋生。布兰斯塔德于1974年8月从法学院毕业，不久成为米尔斯湖一家律师事务所的合伙人，它距莱兰东北方10英里远。他和理查德·施瓦姆是该公司的合伙人，一直干到1982年他当选为州长。

施瓦姆的父亲是卫理公会牧师，早年在南达科他州度过。八年级时，他们全家搬到艾奥瓦州的苏城，高中毕业后在苏城的莫宁赛德学院获得学士学位。他在青年共和党会议上遇见了特里·布兰斯塔德，当时他在莫宁赛德读大二，两人成为朋友。他在德雷克获得法律学位，在那里，他和布兰斯塔德是同学和朋友。

特里·布兰斯塔德打算买下米尔斯湖一家律师事务所，因为该律所的高级合伙人迪恩·布莱基要去管理一家银行。布莱基的合伙人是理查德·拉姆齐，他因患有癌症突然去世。布兰斯塔德随后与拉姆齐的房产律师罗杰·布朗谈判，从拉姆齐遗孀手中买下该公司。

"这是个两人的合伙公司，我半开玩笑地问特里该如何应对那么多工作，"施瓦姆在 2014 年说道，"特里说工作很多，他想卖给我一半。我想了大概 30 个小时之后决定那是我想做的。我们通过政治和法学院认识了好多年，我觉得我们一起会合作得很好。"[57]

那是个异常忙碌的时期。布兰斯塔德在 5 月买了律所，卖给了施瓦姆一半，同月过户了律所（但仍然要去德雷克几个小时），然后他于 8 月毕业。特里和克莉丝买了块地住在米尔斯湖附近，因为住了很久，许多人真的以为他是在那儿出生、长大并读的中学。即使今天，米尔斯湖郊外还立有一个标志，称那是布兰斯塔德州长家，而且城市官网上的名人榜里也列着他的名字。

布兰斯塔德在 1974 年的初选中没有竞争对手，在同年大选中以保守哲学取得了巨大的胜利。他获得了 6699 票，而他的民主党对手让·豪格兰得了 3046 票。他在 1976 年的初选中仍没有竞争对手，在大选中依然比较顺利，获得的选票数是对手富兰克林·班瓦特的两倍多，轻松赢得第三届任期。布兰斯塔德最后得了 8553 票，班瓦特为 3600 票。

克莉丝最后辞去了温尼贝戈的工作，开始在丈夫的立法委做职员，但是情况并不总是一帆风顺。"我们是（立法委中）唯一一对向彼此吼叫的夫妇，也是唯一一对一起痛哭的夫妇，"她回忆说，"但我们做得不错。"[58]

克莉丝天性比较腼腆，总想避开公众视野，对她来说，面对公众讲话是无法想象的事情。"特里对此很喜欢，但是我没有那个基因，"她在 2014 年说道。不过有几次，她被说服为丈夫发表讲话。

"1978 年她为我的副州长初选而外出拉票，"特里·布兰斯塔德说道，"那是在汉普顿的辩论时期。众议院正在会议期间，我需要在那里。我派 25 岁的妻子替我去那里，而她对政治不感兴趣。之后，她说她再也不会那样去做了。但是，我们赢得了那个县，所以她一定是做得很好。

"你必须让它有趣。我喜欢认识人，了解不同的地方及历史。所有这一切对我都很关键。"[59]

从一开始，克莉丝·布兰斯塔德就调整状态以应对忙碌的政治圈生活。"我是一个很天真的人。我只是想，'这是我丈夫想要的，我来这里是支持他。'"她在 2014 年回忆起他长期的政治生涯时说道，"到今天为止我仍然不会去为竞选拉票，但我喜欢露台山。我住在这里的时间比在任何地方都长"。[60]

特里·布兰斯塔德在艾奥瓦州北部赢得了良好的声誉，被公认为是一位勤奋和奉献的立法委员和律师。与任何刚开始走上工作旅程的人一样，他一路走来也会遇到一些困难。有一次，弗瑞斯特市地区的一个惯犯再次被捕但却没钱请律师，布兰斯塔德被法院指定为他的辩护律师。布兰斯塔德很想把工作做好，他做好功课后请求面见检察官，以便对客户的案件进行庭外和解。他们同意在法庭上见面，被告也在。协商后，布兰斯塔德请求与检察官在屋外私下谈话。他告诉委托人在他们谈话时不要走动。由于囚犯在法院二楼，而且一名警卫在房间外面站岗，看起来把他单独留下并没有什么问题。

走廊商谈后，布兰斯塔德回到房间，然后马上就出来了。"我的委托人在哪里？"他问那个吃惊的警官，"他不在里面！"

他们发现囚犯打开窗户爬了出去，从二楼跳到草坪上逃跑了。几个小时后，他在梅森市被捕。2014 年，警察局局长丹·戴维斯说，这个故事在弗瑞斯特市流传了 30 多年。[61]

布兰斯塔德那时总是工作很长时间，非常辛苦，还要从米尔斯湖开车前往得梅因开立法会议，而这一切都有了回报。在州立法委任职六年后，这个莱兰人以他的勤劳、诚实和优秀的组织能力赢得了良好声誉。

1978 年的选举空出了该州副州长的职位——共和党人阿瑟·诺伊退出政治舞台回家乡卡罗尔开办私人律所。在伊利诺伊州埃文斯顿西北大学毕业后，诺伊成为卡罗尔市市长，然后在艾奥瓦州参议院获得席位。1972 年他竞选副州长获胜，取代了罗杰·杰普森。

担任两届罗伯特·雷的副州长后，诺伊选择回家乡开律师事务所，并且全职工作。布兰斯塔德在艾奥瓦州众议院的第三届任期快结束时，决定是时候跨上更高一层政治台阶了。他宣布竞选空出的副州长一职，尽管雷的阵营给他很少鼓舞，他还是全力投入竞选。他在副州长初选中有两名对手：共和党人比尔·汉森和布莱斯·奥克利，他们都是布兰斯塔德熟悉的州立法委员。

汉森是保险经理和房地产代理人，他在汉考克县长大，毕业于锡达福尔斯中学和内布拉斯加州布莱尔的达纳学院。他在艾奥瓦州众议院任职两届，在州参议院任职两届，1975—1978 年担任少数民族领袖助理的职务。

奥克利出生于艾奥瓦州的华盛顿，毕业于得梅因的罗斯福中学，从艾奥瓦大学获得公共管理学士学位和法律学位。奥克利是 78 区克林顿的州代表，后来成为雷州长的法律顾问。

促使布兰斯塔德决定竞选副州长的两个关键人物是迈克·弗瑞斯特和莱尔·辛普森。后者与布兰斯塔德关系密切，既是顾问也是朋友。辛普森来自得梅因的一个普通家庭（父亲开小杂货店），毕业于德雷克法学院，他以迷人的性格和聪明才智成为 1960 年德雷克法学院学生会主席。他还上高中时就加入艾奥瓦国民警卫队，升至少尉。他于 1964 年进入律所，是辛普森、詹森、亚伯、菲舍尔和博斯洛法律事务所的总裁。他与州长长期合作，担任他的法律顾问，也是州长 1982 年、1986 年、1990 年、1994 年和 2010 年就职委员会的委员。他还在 1983—1999 年担任州长委员会内阁成员。

"是迈克·弗瑞斯特把我介绍给特里，"辛普森在 2014 年说道，"迈克是位律师，他曾担任说客与特里共事过，对后者印象深刻。当特里决定竞选副州长时，他知道他需要不同领域的建议。1978 年 1 月特里叫我来州议会大厦商量竞选副州长事宜，问我能否帮忙。迈克之前告诉过我特里有可能找我，所以我对他作了一些了解。我们去了法律图书馆。我已经对他作了充分的研究，知道他在他的区获得高度评价，受到两党的尊重。他的正直是毋庸置疑的。我有点犹豫是因为他在社会问题上远比我保守，不过总体上说我们观点比较一致。"[62]

辛普森同意担任顾问，就像几年前为副州长罗杰·杰普森担任顾问一样。1978年3月1日，辛普森在家里为布兰斯塔德举行筹款活动。当时他和夫人住在6000平方英尺的房子里，房子有19个房间，位于得梅因的最高点。他在那里住了30年，直到2004年才卖掉这所房子。大约有550人参加了那次聚会。

"那天在下雪，人们不得不在一英里外停车然后走到我家，"辛普森说道，"聚会5点30分开始，但特里两个小时后才到，因为那晚立法会通过空瓶回收议案，他也是提案者之一，所以必须等到通过后才能离开。当我看到聚会人数以及人们如何冒雪来到这里，我就知道他会当选的。"

辛普森看到布兰斯塔德的未来会比副州长的位置走得更远。"那天晚上特里的母亲丽塔和我走进屋里眺望着城市。我们可以从那里看到露台山，"辛普森回忆说，"我指着露台山对他的母亲说，'我们要把你的儿子送到那里。'她有点吃惊。"[63]

虽然有些共和党人认为布兰斯塔德是副州长的不错人选，但并不是每一位共和党人都这样认为。事实上，雷州长支持奥克利。有几位雷的工作人员对布兰斯塔德也评价一般，常常视其为年轻而又肤浅的新手。

"坦率地说，有些人认为特里是无足轻重的，"道格·格罗斯在 2014 年说道。格罗斯毕业于芒特普莱森特的艾奥瓦卫斯理学院，1985 年在德雷克获得法学学士学位，他与两大阵营都有过密切合作，所以才有这样的看法。他是雷最后一届州长任期内的行政助理，之后于 1984—1989 年担任布兰斯塔德的高级顾问。

"事实上，人们总是低估特里·布兰斯塔德。他是大政治家，是我见过的最好的。他从来不抱怨。他成为州长后，留下了雷的大部分工作人员，因为他知道他们擅长各自的工作，能助他成为一个更好的州长。他在这方面非常务实。"

格罗斯说，"他从来不树敌。"[64]

辛普森承认竞选副州长的道路将是非常艰难的："我最初的反应是我们可能不会一次就让他当选，但我们第二次会的。"汉森和奥克利当时都名气很大。[65]

当一名年轻的北艾奥瓦大学三年级学生也参与其中时，新的竞选活动得到了意想不到的推动。兰迪·史密斯的背景类似于特里·布兰斯塔德，他在距苏城 30 英里的小镇怀锡长大。1977 年他在华盛顿，当时是在美国国会议员查克·格拉斯利（1981 年成为美国参议员）的办公室做暑期实习生，那是他第一次真正体会到了政治的味道。在那里史密斯与格拉斯利办公室的行政助理约翰·麦克斯韦尔同屋，后者给他介绍了特里和克莉丝。

"当我回到学校的时候，约翰打电话说他有个朋友竞选副州长，问我是否想参加，"史密斯在 2015 年说道，"约翰已经同特里谈过我了。"

史密斯联系了布兰斯塔德，他们立即开始行动。1978 年 3 月 1 日，史密斯被任命为竞选活动的组织主任。几个星期后，当他 22 岁的时候，史密斯被提升为竞选经理。选举后，史密斯返回北艾奥瓦大学获得会计学学位，他的职业生涯很长而且很成功，过去 30 年里他一直住在德克萨斯州的休斯敦。虽然只是短暂参与了布兰斯塔德的竞选活动，却给他留下了美好的回忆。

"那段经历很棒，"他说，"我们每天清晨起床，之后就是不停地喝咖啡和开会，一直到深夜。我们的座右铭是他们（反对派）可以比我们花的钱多，但不能做得比我们多。"

史密斯说，他没想到他们 1978 年的努力最终使布兰斯塔德成为政治偶像，但是州长所取得的创纪录的成功并不让他感到惊讶。

"多年来我遇到了很多政治家，大多数人都是非常好的人，但特里·布兰斯塔德是所有人中最正常的一个，"史密斯说道，"他与人交往的方式是自然和谦逊的。那段经历我永远不会忘记。"[66]

他也不会忘记那段时间里的一次非常戏剧性的飞行。他与特里和克莉丝·布兰斯塔德乘坐一架小型飞机前往苏城进行筹款活动。活动由杰克·罗宾逊组织，而参议员鲍勃·多尔是特邀嘉宾。当他们快到机场时，坐在副驾驶位的史密斯问飞行员什么时候知道起落架已经放下。

飞行员是来自艾奥瓦州阿尔图纳的杰克·克拉克，他是个参加过二战的老兵，当时他的妻子吉尔达也在飞机上，而他驾驶的飞机是一架有两个发动机的推拉式"空中霸王"。

"他指着仪表板说，当三盏灯亮起来时他就知道起落架已放下了，"史密斯说，"嗯，灯不亮。他说他会再等几秒钟……但灯仍然没有亮。然后他呼叫塔台问我们飞过时他们是否可以看到起落架。后者证实起落架没有放下。

"我们往回飞了很远，然后他采用自动驾驶模式，拉出说明书开始读，说他想弄清楚是什么问题。他在空中尝试了几次，试图将轮子弹出来，并飞过塔台三四次以查看轮子是否已放下。"

然后，情况变得失控了。飞行员看到说明书上说仪表板附近有个储液池，倒入液体进去有可能会使起落架放下来。然而，这架小飞机上没有液体。于是，他们用杯子装上三个男人的尿液，试图灌满储液池，但是这也不奏效。

"直到后来我们才知道，轮子（在起飞阶段）抬起时切断了一条储液池的连接线，"史密斯说，"放多少液体也没有用的。"

在机场上空飞行近两个小时后，飞行员在没有放下起落架的情况下迫降。飞机最后降落在草地上，机腹朝上，被弹到跑道上。五个人全都迅速离开了飞机。

"我们在空中没有害怕。直到落地后我们才反应过来，"史密斯说道，"我们错过了筹款活动，一小时后我们乘坐一架较大的飞机回到得梅因，特里在那里有场辩论，他讲得很好。"参议员多尔先发表了讲话，然后来到机场迎接布兰斯塔德一行，以确保他们安然无恙。[67]

布兰斯塔德在未来几年里遇到过几次九死一生的飞行经历，这只是其中之一。

民主党阵营里也有两位竞争副州长的提名。米涅特·多德勒是艾奥瓦州霍兰德人，毕业于东滑铁卢中学。他在艾奥瓦大学获得学士学位，并于1964年赢得艾奥瓦州众议院的特别选举，从此开始了政治生涯。多德勒在1969—1978年期间任职于艾奥瓦州参议院，在1975年和1976年，她成为艾奥瓦州参议院第一位女性临时议长。

威廉·帕尔默出生于艾奥瓦市，毕业于东得梅因中学，最后成为帕尔默联营公司的总裁。他代表得梅因的第32区，在州众议院任职两届后去了州参议院。

1978年6月6日是初选日。民主党这边，帕尔默获得了53277票，而多德勒获得50049票。布兰斯塔德以61078票轻松赢过对手，而汉森和奥克利分别得到47427票和36565票。突然间，这位来自莱兰的毛头小伙子在艾奥瓦州政治舞台上迈进了巨大的一步。

"特里能得到提名是因为他组织得很好，"辛普森说道，"这是他真正的强项之一。他的组织能力超过所有人。"[68]格罗斯和另一位重要顾问大卫·费舍尔有同感，他们三人都表示特里的工作精神得到了很好的回报，因为他前往所有99个县，并不知疲倦地工作，使选民了解了他的理念与名字。

在大选期间，布兰斯塔德也以同样出色的方式在全州组织了竞选活动。1978年11月7日，布兰斯塔德以451928票轻松赢得了大选，而帕尔默得了330817票。

　　来自莱兰的年轻人正在接近他成为州长的童年梦想。在艾奥瓦人中，理查德和克莱尔·约翰逊并没有觉得意外。"我们立刻喜欢上了他，"理查德说道，"他是一个实干家……他总能把事情做好，他热爱政治。"克莱尔也有同感："他总是很认真、很坚定地走向成功。他给大家留下了非常好的第一印象。"[69]

　　1979 年 1 月，32 岁的特里·布兰斯塔德成为艾奥瓦州历史上最年轻的副州长。在短短的时间里他已经走了很长的路，但在前进的道路上，他会取得更大的成功。

05

戏剧性的
首次州长竞选

（1982 年竞选）

对于大多数州来说，副州长的工作通常不是那么光芒四射，也不是非常重要，20 世纪 70 和 80 年代的艾奥瓦州当然也不例外。布兰斯塔德的主要工作是主持参议院，任命参议院主席和每位常务委员会成员。此外，在州长不能出席某些场合时，副州长代行其职。不过，这个位置也让来自莱兰的年轻政治家有机会近距离观察他所憧憬的工作的复杂性，并向鲍勃·雷这位政治行家学习。

布兰斯塔德当选后，在米尔斯湖赫尔格森市民中心举行了开放日的庆祝活动。他于 1 月中旬进驻州议会大厦的新办公室开始工作。1979 年 11 月下旬，他在弗瑞斯特市的河边橡树会所庆祝 33 岁生日，近百名温尼贝戈县的支持者参加了庆祝活动。这个活动也开启了"副州长俱乐部"的新项目，目的是为布兰斯塔德筹集资金参加全州的公开活动，因为这些费用不包括在州基金的范围之内。

在第一届副州长任职期间，他不露声色地工作，但一直在学习和建立宝贵的关系。随着他第一届任期接近尾声，有人猜测雷可能不会竞选第五个州长任期，许多艾奥瓦人都很好奇特里·布兰斯塔德近期有什么打算。1981 年 10 月 8 日，他接受《弗瑞斯特城高峰论坛报》的采访，来说明这一问题。

"大家都猜测我有可能在六区竞选国会议员，也有可能竞选州长，现在是时候结束这些猜测了。"布兰斯塔德对《高峰论坛报》表示，他将竞选第二任副州长。然后他又补充说："如果雷州长决定不再连任，我将有兴趣竞选州长。"[70]

关于这个本地小伙子很快要入主露台山的猜测在莱兰—弗瑞斯特市—米尔斯湖地区传得沸沸扬扬。1980年11月23日，在《得梅因纪事报》的热门专栏"艾奥瓦男子"中，查克·奥芬伯格更是推波助澜：

"两年了，温尼贝戈县居民已经认识到，他们的自己人特里·布兰斯塔德离艾奥瓦州州长只有一步之遥。但在过去的几星期里，这种感觉又发生了变化。现在大家说，34岁的副州长布兰斯塔德离州长只有半步之遥。

"'不，应该是四分之一步，'布兰斯塔德律师事务所的秘书希尔玛·辛格斯塔德说，她一直在此居住，'想去得梅因参观露台山的人们，好吧，现在他们说我们可以等到特里去了再去。'

"这儿（米尔斯湖）的州农商银行行长迪恩·布莱克补充说：'对于小镇来说，这很有趣，也很让人激动。你知道吗？人们认为这是巨大的荣耀，我们这儿很快就会成为州长的故乡。'不仅米尔斯湖的人们热情澎湃，在布兰斯塔德的另外两个家乡——他长大的农场附近的莱兰和他读高中的弗瑞斯特市，人们也都激动不已。"[71]

在专栏里，布兰斯塔德透露，他接到了里根总统的电话：

"他打电话感谢我多年来的支持，"布兰斯塔德说道，"我们聊了8到10分钟，非常棒。"很明显，这样的电话让任何人的履历都会看起来很光彩。

但是罗伯特·雷的重要声明将改变一切。雷在创造了执政14年的纪录后开始面临抉择，而艾奥瓦州的一个政治时代即将结束。他精明干练的管理风格和人格魅力使他成为全州最高效、最受欢迎的政治家之一。

雷在得梅因出生并长大，毕业于德雷克大学，先后获得商业和法学学士学位。他在首府工作，从政具有得天独厚的优势。作为州长，雷先生主张发展民权、节约能源和政府高效，并成立多个委员会和理事会加强艾奥瓦州各方面的建设。雷州长的人道主义精神仍然是其管理的亮点。他与杰拉尔德·福特总统和国务院合作，欢迎来自受战争蹂躏的东南亚的难民到该州，挽救了数千人的生命。

在雷的第三届任内，州长任期从两年改为四年。1976年，他和妻子比莉成为在露台山居住的第一任州长家庭。在露台山成为在任州长官邸之前，艾奥瓦州的首席执行官通常要在得梅因购买或租住房屋。这种情形最终结束了，在任州长雷一家人从1949年到1976年一直住在2900大道，这意味着他们只需跨越六个街区就可以搬到露台山了。

露台山是一座占地18000平方英尺的第二帝国建筑风格的宅邸，它于1869年由商人本杰明·富兰克林·艾伦建成，耗资25万美元。房子建成仅仅几年之后，19世纪80年代的农业危机使全国经济下滑。1884 年，艾伦被迫以 5.5 万美元的价格把他漂亮的房子卖给了哈贝尔。哈贝尔一直居住于此，直到 1930 年去世。1971 年，他的家人举行仪式将露台山捐赠给艾奥瓦州。1972 年，艾奥瓦州批准将其设为州长官邸，且对公众开放。1976 年，在对三楼州长生活区进行重新装修后，雷州长及其家人搬入府邸。两年后，该历史遗迹向公众开放。从那时起，每年平均有 3 万游客游览这座宅邸。

雷州长凭借其成功和人气能够轻易地在五次直选中击败所有民主党的对手。在 1978 年 11 月的最后一次州政府选举中，雷以 58.3% 的得票率获得压倒性胜利，击败民主党挑战者杰瑞·菲茨杰拉德，后者只获得了 40.9% 的选票。

然而，当他考虑离职的时候，全州正在经历全国性的经济衰退和即将到来的农业危机的影响。1982 年 8 月，全州 140 万的劳动力中有 8.3% 的人失业——比前一年增加了 1.7%。如果算上季节性劳动力，该州的失业率一度高达 11.4%。全国失业率一直徘徊在 9.8% 左右，而当年 9 月却攀升至 10.1%。失业、农产品价格低廉和高利率会成为 1982 年选举辩论的中心议题，这将决定下一任州长的人选。

艾奥瓦州和全国的政治格局也在变化。1982 年秋天，《纽约时报》一篇文章指出，政治家们越来越意识到全国各地竞选活动中的"性别差距"（男女政治态度的差异）。上一年民调明显表明，女性对罗纳德·里根总统的经济和预算政策表示不满。经过全国范围内的严肃思考（艾奥瓦州也包括在内），人们认为现在政治时机已经成熟，应该有女性候选人竞争政府高层管理岗位。

2014 年，布兰斯塔德回顾了当时的情况："我打算再次竞选副州长。我一直尽我所能支持州长，必要的时候我也保持安静。但是有人猜测，雷可能不会参选下一届州长。我们得到消息时，离申请截止日期不到一个月。那年 2 月，他召集共和党的立法委领导人，宣布他已经决定不参选。我很惊讶。

"我给妻子打电话说，'我们开始吧！'"[72]

雷宣布不再参选，加上全州经济不景气，这给了民主党多年来夺取州长之位的最佳时机。但这也为特里·布兰斯塔德提供了难得的人生机遇。

"与许多成功的政治家一样，布兰斯塔德抓准了时机。"詹姆斯·斯特勒曼 2014 年在《城市景观》发表的一篇重要文章中写道："当人气州长罗伯特·雷决定在 1982 年卸任时，布兰斯塔德正要结束他的第一届副州长任期，他有很大几率获得共和党提名。他已经建立了一个全州性的组织，并且声誉良好，是坚定而又正宗的保守派。值得注意的是，他有能力避开初选的竞争。"[73]

一决定参选，他立即开始寻求支持。他访问了全州六个城市，正式宣布了他的竞选计划。3 月 4 日，在第一站梅森市机场，新候选人受到近 250 名支持者的欢迎。他发表了很长的讲话概述他的竞选计划。

"上周雷州长不再参选的决定让很多艾奥瓦人非常吃惊。自从他宣布以来，我受到来自各方面人士的鼓励和支持，他们希望我来竞选州长。

"经过与妻子、法律伙伴和朋友们的深入讨论后，我决定宣布参选艾奥瓦州州长一职。我会以积极的态度、饱满的热情以及百分百的投入参加竞选，努力让艾奥瓦州变得更好。我们以雷州长和共和党领导人所建立的良好记录为坚实基础。

"我们可以以平衡预算和量入为出的传统为基础。

"我们可以以稳步前进的历史为基础。

"从现在到立法会结束之间，我打算用大部分时间与雷州长和立法委合作通过 1982 年的立法方案。

"在不久的将来，我打算任命多个咨询委员会协助我制定方案，处理艾奥瓦州的关键问题。我会咨询具有专业技能、经验和知识的人帮助我应对艾奥瓦州面临的挑战。

"使艾奥瓦州对企业具有吸引力，这样才能保持和创造新的工作岗位。我一直支持企业的发展。改善我们州的经济和提供更多就业机会是我的首要任务。

"艾奥瓦州优秀的教育方案是世所公认的。我们必须保持其质量，并在艾奥瓦州为毕业生提供更多的就业机会。

"我一生居住在农场，非常清楚艾奥瓦州的未来取决于农业。农民应该受到公平的税收制度的保障。我曾帮助废除对家畜征收个人财产税，我以收入生产能力为基础征收房地产税，而不是基于通胀的市场价值。我们在解决艾奥瓦州的土壤保护问题上取得了进展，但还需要做更多的工作。

"在过去的两年中，我在艾奥瓦州参议会的开幕致辞中已经公开表明支持更严厉的刑法。去年我们取得了一些进展，很有可能本届会议能通过。支持严格执法，为犯罪行为的受害者提供帮助和保障公共安全将继续是我的首要任务之一。

"老年人对联邦基金项目的消减表示担忧。在艾奥瓦州，我相信我们必须保护老年人，不会减少给他们提供的基本服务。

"在我的职业生涯中，我积极征询所有的艾奥瓦州人的意见……共和党人、民主党人和独立人士的意见都包括在内。在我担任副州长期间，我在咖啡馆、农场、工厂、学校和人们的家里与成千上万的艾奥瓦人谈过话。

"在竞选活动中，我将诚实、公正、设身处地地处理这些问题。在州政府服务了十年，我相信，我能以州长的身份接受这个考验。

"我们将开展积极正面的竞选活动，呼吁艾奥瓦州人民达成共识，并作出正确的判断。我计划到全州各地与各界人士接洽。我们今天的六站只是个开始。我将在 99 个县开展竞选活动。

"我必须依靠你们，艾奥瓦州的人们，请帮助我们把安心、希望和进步的信息传达给你们的朋友和邻居们。我们需要成千上万的艾奥瓦人的支持，无论老少，无论男女，无论在城镇还是在农村。在你们的全力帮助下，我们将取得成功。"[74]

布兰斯塔德为团队招募了雷州长团队的几位关键人士，包括商业领袖杰克·皮斯特——"尽管我是农村人，保守派"。他还组成了一个联系小组以征求建议和支持。莱尔·辛普森称之为"厨房内阁"：该小组由辛普森、马文·波梅兰茨、戴夫·费舍尔和杰妮特·里昂组成。

他们都是关键人物，特别是波梅兰茨。他1930年出生于得梅因一个普通的家庭，后来成为州历史上最具影响力的商人之一。他是最高级别的企业家、房地产开发商和慈善家。今天，位于艾奥瓦大学校园的波梅兰茨职业中心也帮助培养未来的领导人。他的高层雇员之一迪克·雷德曼是财务专家，也为布兰斯塔德的竞选提供了丰富的专业知识。

小组"选择"辛普森转达对布兰斯塔德的五条要求：（1）他必须放弃独自驾驶，因为他开车时容易犯困，会带来生命危险；（2）他必须买几套保守风格的新西装；（3）他必须修几门演讲课程以提高演讲能力；（4）他必须减肥；（5）克莉丝必须至少在一定程度上同意参加竞选活动。

"这五点他都同意。"关于西装和体重，辛普森说，"他看起来像一个大学生——我们在努力让他成熟，让他看起来更老成些"。[75]

五点计划一经采纳，布兰斯塔德随即开始投入竞选，并为小组献计献策。戴夫·费舍尔是律师和商人，为布兰斯塔德做了将近30年的高级顾问，据他说，由于布兰斯塔德的组织才能和稳定的声誉，初选时无人与之竞争。"他成功的关键之一在于他总是早早筹集资金，这使得别人甚至不敢参与竞争，"2014年，费舍尔坐在得梅因机场的办公室里说道。

即便是在 30 多年后，费舍尔对布兰斯塔德的第一印象依然铭刻于心。"那是 80 年代，早上大约 5 点钟，我去得梅因基督教青年会跑步锻炼，"费舍尔说道，"街道上空无一人，我看了看旁边的车，发现特里坐在里面。他正要去哪里开展竞选活动，在早上 5 点钟。我记得我在想，'哇，那个家伙真的很用心。'我印象很深刻。

"当他决定参选州长时，他在得梅因的商界并不知名。当时副州长的工作大多是仪式性的，除了主持参议院外，他基本没有太多事情可做。那之后不久，我听了他一次讲话，我告诉妻子他将成为我们的下一任州长。他擅长与人打交道，他非常热情。"[76]

费舍尔在布恩长大，毕业于格林内尔学院，随后，1962 年毕业于艾奥瓦大学法学院。他在得梅因创办了昂森科公司做批发生意，担任董事长兼首席执行官达 52 年。1960 年，同样来自布恩的诺曼·埃伯在全州进行州长竞选活动时请他当司机，费舍尔从此进入了政治圈。埃伯任职一届，1962 年选举时输给了民主党人哈罗德·休斯。

在 1982 年的竞选旅途中，费舍尔每周两次与布兰斯塔德一起出差，对他的耐力、热情以及与人交往的能力感到很惊讶。

"他就是不停地不停地继续下去，好像从来不知道疲倦，"费舍尔说道，"每当与人们见面，他记得以前是否见过他们，可以谈论他们的孩子或者别的什么。他比任何人都能更好地与人群打交道。罗伯特·雷曾经告诉我，特里·布兰斯塔德是他见过的最好的竞选者，我完全同意。"[77]

但是，一路上还是遇到一些困难。一次后期的竞选活动中，布兰斯塔德、费舍尔还有另外两人乘坐一架小型双引擎飞机前往得梅因西部的哈兰镇。他们正在钻研笔记本里记下的一些细节问题时，遇到了恶劣天气。飞机因遇到气流，颠簸非常严重，费舍尔的头撞到了天花板——"我还系着安全带呢，"他说道——他和其他人都陷入恐慌。飞行员甚至飞往密苏里州边境以试图绕过风暴，但是晚些时候，他们还是在哈兰降落了。

"那是一次非常可怕的经历，"费舍尔说道，"我们摇摇晃晃地走过小机场。大厅里有几个女人坐在桌边打牌，甚至没有抬头。我们去了州长讲话的地方，听众有五人。我跟他说，第二天的新闻标题差点就是'三人为了争取五票差点丧生'！"[78]

苏珊·尼利现任美国饮料协会主席兼首席执行官，她曾在各级政府工作过，而且取得了许多令人瞩目的成就。她是全国第一个国土安全部的建筑师之一，目前管理着价值 1400 亿美元的非酒精饮料行业，其总部设在华盛顿特区。她毕业于艾奥瓦大学，并从德雷克大学获得硕士学位。1982 年，她曾担任布兰斯塔德的竞选新闻秘书。她生动地回顾了当时的一些出行经历。

"我们一切从俭，这意味着飞行员全都是志愿者，"尼利在 2014 年说道，"我记得一些可怕的降落经历，为了前往必须去的地方，我们曾降落在庄稼地里的飞行跑道上。初选后，州共和党候选人要巡回六处传媒市场。飞行员肯定哪一个气穴都没落下过。

"在空中颠簸一整天之后，所有候选人都面色发青，只有特里除外。他有一项能力对他很有帮助，他似乎从来不会流汗或者表现出不适，包括从不脱下外套。而那次飞行我晕机严重，我开车回家躺在草坪上，感觉天旋地转。而特里则继续去参加晚上的活动。"[79] 那一刻让人想起 1978 年兰迪·史密斯在苏城附近遭遇的可怕飞行经历。

另一次，布兰斯塔德在一个聚会上发言后，工作人员各自离开了。那时天色已晚，布兰斯塔德开车回米尔斯湖的家，他的车撞上了路上的冰疙瘩，从科利尔湖南部的 35 号州际公路上滑了出去，撞上了一个桥柱。幸运的是他没有受伤。

费舍尔还回顾说，更新布兰斯塔德的服装也很重要。他喜欢穿涤纶西装，团队希望他有更加职业的外表，所以把他带到得梅因广受欢迎的莱卡特服装店给他购置了一些更专业的服装。

"琳达·肖夫是他的第一位筹款人，她是一位非常敏锐的女士，"费舍尔说道，"当他穿着涤纶西装在克林顿出现时，她直言不讳地说：'州长，如果我再次见到你穿这样的西装，那么我就退出了。'"费舍尔说布兰斯塔德另一项成功的品质是能够没有任何怨恨地接受和消化批评。他只是接受建议，继续前进。[80]

对于民主党人来说，1982 年的州长初选是一场三方的比赛。爱德华·"爱德"·坎贝尔、杰罗姆·"杰瑞"·菲茨杰拉德和罗森娜·康琳都加入竞选，看谁能进入与布兰斯塔德面对面竞争的大选。

坎贝尔是房地产商，几十年来一直是民主党的中坚人物。1965 年他成为州长哈罗德·休斯的助理，在休斯成为参议员后跟随他到华盛顿。1974 年，坎贝尔为约翰·卡佛竞选美国参议员而工作。1977—1982 年，坎贝尔是艾奥瓦州民主党主席。

菲茨杰拉德是土木工程师、1978 年的民主党提名人，当时以 18 点之差输给了现任州长罗伯特·雷。根据合众社文章，他说雷不再参选的决定"'促使'他决定参选"。他估计他参加竞选时需要为竞选活动筹集 10 万到 15 万美元。

康琳是前联邦检察官，艾奥瓦市西高中一名学生曾问她是怎样的民主党人："你是一个休伯特·汉弗莱那样的自由主义者、吉米·卡特那样的中间派，还是雪莉·奇斯霍尔那样的民粹主义者／激进派？"她迅速作出应答。

"有点背景知识可能有助理解，"康琳说道，"我出生在南达科他州，那是休伯特·汉弗莱出生的地方。吉米·卡特任命我为美国艾奥瓦州南区的联邦检察官，1972 年我担任雪莉·奇斯霍尔（总统）竞选的全州协调员。"[81]

自称为"出身寒门的小女孩"，康琳在 14 岁得到第一份工作。这位没有读完中学但志向高远的年轻女孩 16 岁时被德雷克大学录取，三年就获得学士学位。她把大学四年级与法学院一年级合并，在 21 岁时获得法律学位。后来，她被任命为艾奥瓦州总检察长助理，于 1977 年成为艾奥瓦州南部地区的联邦检察官。她帮助成立了全国女性政治核心小组，在接替罗伯特·雷的竞选之路上获得了女性主义团体的支持。

虽然按常理来讲，菲茨杰拉德最有可能在大选中获胜，但是许多党内人士认为他们可以尝试选举第一位女州长，而且非常期待这一历史性时刻的到来。调查数据发现，大多数艾奥瓦人说如果女性成为州长对他们来说不会有什么影响，但是在同一个调查中，大多数人认为这会对邻居产生影响。

1982年5月，《得梅因纪事报》的艾奥瓦州民意调查显示，康琳遥遥领先，可能获得44%的民主党选票；菲茨杰拉德则占24%，而15%的人喜欢坎贝尔，17%还未确定。艾奥瓦民意调查显示，如果康琳成为民主党提名人，布兰斯塔德则落后于她七个百分点。

在初选活动中，康琳承诺自愿公布税款，但她表示不能在初选前提交，因为她和丈夫詹姆士的报税表非常复杂。詹姆士是来自得梅因的房地产经纪人，他们需要额外的准备时间才能提交。他们申请延期提交报税表并得到许可。

1982年6月6日，康琳以绝对优势成为民主党初选的获胜者。她获得94481票（48%），而菲茨杰拉德为61340票（31%），坎贝尔为40233票（20%）。布兰斯塔德在共和党初选中无竞争对手，获得128314票。

面对失业率高、农产品价格低廉以及利率高等问题，艾奥瓦人明白强有力的领导至关重要。大选刚一开始，管理理念的明显分歧立即显现。两名候选人在经济、税收改革、州道路和桥梁重建以及高等教育资助等方面的理念发生冲突。

康琳竞选的理念是通过其他形式的税收提供教育资金，而不是征收财产税。她说："财产税是最不公平的税收，但我们却用它来资助教育。"为了复苏疲软的经济，康琳想用 3 亿美元的一般责任债券来吸引新产业来州里投资。这笔钱将用于改善全州的道路和铁路，使艾奥瓦州成为吸引企业落户的地方。

"无论华盛顿如何做，这是一项有助于我们振兴经济的计划，"她说，"涓滴经济不行。它从来也永远不会管用。这个（债券方案）是向上渗透的。"[82]

她承诺不会"强制性"征税，而是在进行任何税收改变之前评估需求。如果确实需要增加赋税，她建议在征收任何其他形式的税收之前先提高州销售税。

康琳还把雷的政策与布兰斯塔德的纪录相比较，借机批评后者，试图在大众喜爱的州长和副州长之间制造矛盾。面对一个无党派团体，康琳说："我以我的纪录参选，我想他（布兰斯塔德）也应以其纪录参选，而不是脱离纪录。他对雷州长提出的每一项进步的建议几乎都投了'反对票'。"她还抨击了布兰斯塔德对《艾奥瓦州平等权利修正案》等投的反对票。

布兰斯塔德竞选中强调了他在艾奥瓦州政府工作十年的经验，并对州的情况表示乐观。他不喜欢额外的税收，而是选择集中精力从政府的预算中消除"浪费"。布兰斯塔德说如果当选，他的首要任务之一是为不符合联邦贷款资格的学生设立州贷款方案。"如果不是因为学生贷款，我就不能去艾奥瓦大学，"他说道。

布兰斯塔德也彻底反对康琳 3 亿美元的债券计划。他认为该建议是企图赤字支出——这违反了州宪法。与之相对应，他提出建立"艾奥瓦基金"，即从私人投资者那里获得资金用于股权投资，为新的初创企业提供资金。他将通过税收优惠计划创造 18 万个工作岗位，并承诺州立法机构可以在不增税的情况下运作。

在 1982 年 10 月 29 日的辩论中，候选人谈到其中一个达成共识的问题。吉姆·比特纳（未参加辩论）和社会党在大选期间急于获得 2% 的投票。如果成功，社会党将成为艾奥瓦州的第三党，享有自动选票权。比特纳主张基于阔德城发出的请愿，请求州长立即援引紧急状态，暂停农场抵押赎回权。在公开辩论中，布兰斯塔德和康琳都表示不同意这种做法，指出当时很少有农场受到影响。布兰斯塔德说艾奥瓦州目前只有 2% 的农场需要帮助。

1982 年 7 月 1 日，接替罗伯特·雷担任艾奥瓦州州长的竞选活动发生了戏剧性的变化。罗森娜·康琳在初选时承诺的税务公开由工作人员完成并公布，她的共同资产，主要是与其丈夫在得梅因地区的不动产共计超过 220 万美元。根据纳税申报表，康琳夫妇的共同财产缴纳了 2995 美元的联邦税，但却没有缴纳州税。詹姆士的公司，即中艾奥瓦管理公司，进行了避税，而这正是罗森娜·康琳在竞选中所大力谴责的行为。

直到那天，康琳一直在投票中领先，但这件事摧毁了她的势头。布兰斯塔德的竞选团队则紧紧抓住这个机会，对警察乐队 1978 年演出的流行歌曲《罗森娜》进行文字改编，创造了保险杠贴纸口号"税森娜"。康琳在 5 月时领先的七个点快速转为负数。在这一点上，"比赛基本结束了，"斯特勒曼写道。[83]

费舍尔认为这是转折点。他在科利尔湖有第二处住宅，自从登上了布兰斯塔德快车，多年来他每年都在那里筹款。"在他竞选州长的第一个夏天，我去梅森市找一些人来帮忙主持募捐活动。我在收音机上听到罗森娜·康琳说她从来没有缴纳过任何税款。我想，'哇！她真的说了吗？'我记得我打电话给特里说：'我们刚刚赢了！'"[84]

康琳在民意中的下滑并不意味着布兰斯塔德的竞选没有挫折。布兰斯塔德团队在竞选期间表示，计划在其就职典礼上进行反堕胎筹款活动。布兰斯塔德一度成为负面头条新闻，因为他说农民是"贪心"的，还有表示想调查州收费公路。尽管每个陈述或者是脱离了上下文，或者是已经撤销了，但是康琳在竞选中却利用了它们。

到了秋末，布兰斯塔德的领先地位得到巩固，双方都急于得到更大的选民投票率。1982年11月2日投票开始，全州参与度极高。下午5点，民主党执行主任迈克·特拉蒙蒂纳表示，他是"谨慎地乐观"，因为他得到消息说大量失业工人正在进行投票。不过，晚上9点，在萨弗丽酒店六楼的民主党人情绪低落——投票结果在那里以列表形式呈现。10点30分，康琳从同一家酒店七楼的套房中出来，告诉记者她退出比赛："我刚刚打电话给特里，祝他顺利。"几分钟后，她在败选演讲中表示："衷心祝愿特里在担任州长期间获得成功。"

如果说兴奋的情绪在康琳阵营完全消失，那么在得梅因万豪酒店，情况则恰恰相反，新当选的州长与朋友和支持者在一起庆祝。晚上 9 点 15 分，美国广播公司宣布布兰斯塔德获胜。当布兰斯塔德进入拥挤的房间时，等待他的是震耳欲聋的欢呼声。他们不得不人为地分开一个小通道，这样布兰斯塔德、罗伯特·雷和参议员查尔斯·格拉斯利才可以登上讲台。

"在这个伟大的艾奥瓦州，共和党再次证明了我们可以做到，"艾奥瓦州有史以来最年轻的州长说道，"在鲍勃·雷 14 年的伟大领导下，我们建立了进步、稳定和量入为出的传统。选民们投票选择留在这条道路上。"

与费舍尔和斯特勒曼之后所表达的观点一样，民主党领导人也认为失败主要是由于康琳的税务情况造成的。

"显然，税务问题对我们的伤害比我们预想的要多，"民主党主席大卫·纳格尔说，"我认为特里获胜不是因为他的经济政策；他获胜是因为罗森娜的税务问题。"前民主党州长哈罗德·休斯也有同感："显然，是税务问题毁掉了康琳的竞选。"[85]

布兰斯塔德总共获得了 548313 票，而康琳得了 483291 票，这样，布兰斯塔德以 6.3% 的赢率获得胜利。布兰斯塔德虽说已经赢得了选举，但民主党人在其他许多方面获胜。副州长竞选中，民主党人鲍勃·安德森获胜，击败共和党对手劳伦斯·波普。这是艾奥瓦州政治史上第三次州长和副州长来自两个不同党派。

安德森的胜利为民主党人提供了一定希望，即布兰斯塔德的经济政策可能在执政期间得到抑制。在 10 月的竞选活动中，布兰斯塔德提到，如果安德森赢了可能会造成"危险的情况"，因为副州长主持艾奥瓦州参议院，通常是推动州长立法的人。"如果我发现他试图破坏我所做的一切，我就不愿意把他纳入我的规划，"他说道。[86]

尽管布兰斯塔德的胜利让人欢欣鼓舞，但有些共和党人则认为他的当选是因为雷的成功和人气。有些党派的领导人不相信布兰斯塔德可以充分填补雷的位置。共和党州执政主任蒂姆·海德说："我现在不想成为新当选的州长。新当选的州长必须面对的问题，比当年雷州长要面对的问题还要难。现在是艰难的时刻。"[87]

他没有完全意识到的是，特里·布兰斯塔德也是异常坚定。他不仅一次又一次地证明了自己（从弗瑞斯特市的橄榄球场，到艾奥瓦大学的修辞班，再到全州的政治斗争），而且他明白如何在最高的层次上进行竞争。他矢志不渝地想成为他所爱的州的主力军，父母赋予他的工作精神使他能够登上州里的最高位置。艾奥瓦州政治舞台上迎来了新时代的曙光，这个时代将在未来几十年中由一位莱兰人主宰。

06

与农民站在一起，
成功连任

（1986 年竞选）

在第一届州长任期内，布兰斯塔德遇到了作为州长最大的问题之一，而这也展现出来，当州民表达他们的意愿时，他愿意妥协。1983 年，他否决了州彩票法案。作为原则问题，他认为在艾奥瓦州不应该鼓励赌博。但人们不断提出这个问题，最后，布兰斯塔德终于在 1985 年 4 月勉为其难地签字同意。彩票于 1985 年 8 月 22 日在艾奥瓦州博览会上首次亮相，并立马获得成功，在第一周内就售出 640 万张。

"他从理念上反对彩票，因为这是赌博，他不喜欢，"莱尔·辛普森说，"我告诉他这是公众想要的，不然就算你尸骨未寒，它也会发生，所以你还是签字吧。你能做的是允许它发生，然后规范它。他就是这么做的。因为有特里·布兰斯塔德，我们拥有全国最好的博彩行业之一。"[88]

大约 30 年后，布兰斯塔德解释了他为什么这么做，以及他是如何做到的。"1983 年是我任州长的第一年，我支持同注分彩赌马。艾奥瓦州有很多人养马。我觉得如果我们批准了赛马，那就可以使州有责任对其进行规范。欧文顿的约翰·森肯堡带我去参观他在南达科他州的一场赛马，然后我就成了支持者。"他成立了赛马委员会，民主党立法机构通过了赛马和赛狗，并在康瑟尔布拉夫斯、迪比克、滑铁卢和得梅因普瑞里草原开设赛道。

"立法委更进一步通过了州彩票——在我看来，这基本上是掠夺我们自己的人民，"他在 2014 年说，"我们已经有了宾果，所以我否决了这个法案。立法委在 1984 年再次通过，而我再一次否决了。"[89]

在伊利诺伊州有 5000 万美元的彩票，大量的艾奥瓦人穿过密西西比河去买彩票——去邻州花辛辛苦苦从艾奥瓦州赚来的钱。由于他对艾奥瓦州彩票的反对，在出席鹰眼橄榄球赛和麦迪逊堡的牛仔竞技表演时，布兰斯塔德被观众当场嘘过。

虽然自己不是赌徒，但布兰斯塔德不得不逐渐意识到，"如果艾奥瓦人想要的话，我不应该只是因为我个人不喜欢就阻挠"。他考虑转变想法，他主要关心的问题之一是，如果他决定签署议案，该如何保持体系的公正性。他向他所敬佩的物理学博士爱德·斯塔奈克进行咨询，当斯塔奈克"告诉我完全不用担心"的时候，"我任命他来运行彩票"。[90]

斯塔奈克没有食言。在艾奥瓦州获得物理学博士学位后，他在州政府工作了 35 年，主要在能源和环境领域。但布兰斯塔德认识到他有能力组织和运行高效的团队，就任命他运营彩票。斯塔奈克从 1985 年开始运营艾奥瓦州彩票，直到 2007 年退休，于 2014 年被世界彩票协会授予盖·西蒙尼斯终身成就奖。这是该协会颁发的最高奖，代表了彩票行业 90 个国家。

布兰斯塔德于 1985 年 4 月签署了彩票法案。彩票于 8 月 22 日开始销售，在艾奥瓦州博览会举行开球庆祝活动，仅第一周就售出约 640 万张。起初，彩票利润用于被称为"艾奥瓦计划"的长期经济项目，但是在 1992 年这笔收益就用于州的一般基金。根据彩票网站的报道，"今天，彩票收益用于艾奥瓦州的三个主要方面：为退伍军人提供支持，通过州一般基金帮助各种重大项目，并为艾奥瓦愿景项目（提供）支持。"[91]

网站声明，到 2014 年已经为州的各类项目筹集了近 13 亿美元，超过 28 亿美元用于获奖者的奖金。州彩票已经发展到全州共有 117 名从业人员，在 2500 个零售点销售产品。[92]

"对我来说这是艰难的一课，"布兰斯塔德在 2014 年承认，"我从来没有买过一张彩票，但是当我意识到大多数人想要彩票的时候，我决定进行下去。我们彩票的启动在国内是最快的，而且从未出现过形象问题。因为彩票管理有方，所以我从没有真的担心过。"[93]

多年来，很多朋友评价说布兰斯塔德不是空想家，而是非常务实。他在彩票方面的作为就是最好的例子，这一点杰夫·斯坦因可以作证。斯坦因拥有法律学位，已经在报纸、广播以及电视上报道艾奥瓦州政治达 35 年，其中也包括布兰斯塔德 1982 年的第一次州长竞选。

"我记得布兰斯塔德早期反对在艾奥瓦州进行赌博，公开反对包括州彩票在内的合法赌博，"斯坦因在 2014 年表示，"大众越来越多地支持博彩业，州长在此观点上也似乎变得越来越孤立。

"1985 年我在艾奥瓦大学经营的公共广播电台 WSUI 工作，一次安排了对州长的电话采访。他反对赌博的观点是众所周知的，但公众投票和对立法委的非正式调查表明，立法会将通过赌博合法议案。我有义务问'赌博的'问题，尽管我知道我可能会得到早就听到过的标准答案。

"但布兰斯塔德的回答让我大吃一惊。他说如果立法委通过了议案，既然这是艾奥瓦州人民所希望的，他就会签字。他通过扬声器讲话，房间里有位助手。我不确定我听到的是否正确，所以直接问道：'您说的是如果立法委通过合法赌博的议案，您会签字？

"'这就是我所说的，'他回答说，'因为这是艾奥瓦人想要的。'"斯坦因惊讶于刚才所听到的，采访结束后，他问老板是否听说过州长说他会签署赌博法案。"他没听说过……我打电话给美联社在得梅因的首席执行官，他也没听说过。州长的话在全州范围内流传，不久之后艾奥瓦州的赌博是合法的了。

"事后看来，这是州长及其工作人员的精心策划，"斯坦因说道，"如果他是在定期的每周新闻发布会上出来说同样的话，那会引起很大的关注，也会有人指责他立场不坚定。但是，在得梅因之外的广播电台接受电话采访时不经意地透露，这个消息放出来后就不会像在州议会大厦里说出那样广受关注。而且，如果之后有人询问，他可以指向我的采访（也许其他人和其他个人电台），并会说他根本没有改变自己的立场，会说他需要一段时间签署法案。"[94]

赌博问题在后来几年多次出现，并在 1988 年夏天上了头条。大卫·叶普森报道说："布兰斯塔德州长周二表示，他不同意共和党平台上提出的要求废除州彩票的建议。共和党宣传平台声明州'进入彩票业是错误的。我们呼吁废除艾奥瓦州的彩票'。"叶普森补充说，布兰斯塔德称彩票是促进增长和发展的，他将继续支持。[95] 最终，艾奥瓦州的彩票业未能废除，到现在已经经营40 多年了。

家庭方面，克莉丝·布兰斯塔德对露台山的生活还处于适应期。从米尔斯湖附近的老农舍搬到得梅因市中心山上的豪华官邸，仿佛就是童话书中的故事。这里有大理石壁炉、水晶吊灯、华丽的书柜、蜿蜒的楼梯、巨大的墙壁雕刻、可爱的雕像，甚至还有天鹅绒的警戒绳以防止游客进入家庭私密区域。

好像这还不够，她还得习惯在工作日里有厨师做饭，有女佣帮助保持整洁。如果她需要的话，可以让司机带她去购物，还有私人秘书帮助她管理日程。作为艾奥瓦州年轻而美丽的第一夫人，克莉丝·布兰斯塔德不断地被要求出席一些场合，主要是为了慈善事业，并且被期望保持非常积极的公众形象。她承认最初这一切是非常吓人的。

卡罗尔·特纳吉尔是她的私人助理，帮助她规划州晚宴，确保礼仪得体，并处理她的通信来往。不过，还是克莉丝·布兰斯塔德为山上的豪宅生活定下她所能接受的生活基调。她确保只有当孩子们愿意时，才会参与到公众活动中。早些时候，有得梅因业内人士建议她买新设计师的礼服，她婉言谢绝，说他们不富裕，根本买不起。

"如果艾奥瓦人对他们的'第一家庭'有一些期望，克莉丝·布兰斯塔德似乎没有这些追求，"1983 年 4 月 3 日，苏珊·韦弗写道，"她说她想成为自己，希望艾奥瓦人能接受她那样。"[96]

1984 年，特里·布兰斯塔德有机会搭乘"空军一号"进行短途飞行——这是他唯一的一次。里根总统到艾奥瓦州举行活动，布兰斯塔德的几名团队成员受邀从滑铁卢飞往得梅因。即使布兰斯塔德视里根为其政治偶像，对于这位伊利诺伊州出生的总统八年里在其椭圆形办公室里所做的一切，他也并不总是赞成。

第一届任期快结束时，布兰斯塔德州长可以自豪地回顾自己在（立法上）重组大部分州政府、平衡预算以及稳定经济等方面所作出的努力。但由于农场危机仍在持续，这使得他 1986 年的选举处于危险的境地。1986 年的一项对 1040 家艾奥瓦农场家庭的调查显示，财务困境水平、个人和家庭压力水平以及这些家庭生活状况恶化之间存在明显的联系。这为 1982 年和 1986 年的州长竞选提供了相似的说辞。

布兰斯塔德在共和党初选中没有竞争者，他于 1986 年 3 月 21 日正式开始第二次竞选。民主党初选提出了四名候选人，在大选 18 个月前开始了初选。他们确信可以根据他的第一任期工作表现以全民投票来夺得他的职位。

民主党初选中，第一位是 42 岁的洛厄尔·俊金斯，来自艾奥瓦州东南部的蒙特罗斯镇。从阿盖尔的李社区中心中学毕业后，他就读于艾奥瓦州立大学，然后成为家乡的市长。俊金斯于 1972 年选入艾奥瓦州参议院，在随后的一届选举中又重新当选。

他从 1979 年至 1981 年担任参议院的少数党领袖，1983 年当选为多数党领袖。他于 1985 年秋天辞去参议院的职务，专注于州长竞选。他的竞选活动于 1985 年 3 月 10 日正式启动。俊金斯告诉媒体："州长对于艾奥瓦州的未来没有制定任何路线。"[97]

他的整体竞选策略是振兴农场危机期间疲软的艾奥瓦州经济，为此，他提出了类似罗森娜·康琳四年前提出的（但更大的）债券和税收计划。相比于康琳的 3 亿美元，俊金斯计划出售 5 亿美元的债券来启动经济。他还宣称通过税收和支出变动，十年期间将产生另外 10 亿美元。

他援引其他州的成功经验为自己的计划辩护。他说："我们的州长行为很矛盾，给出的信号是含混的。首先，他要求联邦政府借钱给艾奥瓦州，以帮助我们重建农业经济基础，但是他自己缺乏勇气。我号召艾奥瓦人要有信心在艾奥瓦州投资，他却批评我。很显然，他缺乏领导力，所以才会导致这些矛盾行为。"[98]

第二位挑战者是来自牛顿的副州长罗伯特·安德森。安德森出生于马歇尔镇，从艾奥瓦大学获得学士和硕士学位。1974 年当老师时被选入艾奥瓦州众议院。在那里他得到提升，并进入民主党的领导层。八年来，他为三分之二的常设委员会服务。1982 年，安德森成功地当选副州长，取代了布兰斯塔德。在全州竞选中获胜使安德森的名字得到正面认可。

第三名候选人是州参议员和高尔夫专卖店老板乔治·金利，他较晚进入竞赛。金利代表得梅因南部，于 1972 年首次入选艾奥瓦州众议院，1974 年入选州参议院。金利反对俊金斯计划，而是提倡将州销售税四年内增加到五个点，利用新的收入来偿还 2 亿美元的州债务。

第四位也是最后一位民主党州长候选人是克林顿·E·贝利希尔，他来自艾奥瓦东北部小城里德林。贝利希尔与俊金斯同一天进入初选，但却不被看好。

1986 年 6 月 3 日初选，俊金斯获得 70605 票，占总票数的 53%；安德森 44550 票；金利获得 15473 票；而贝利希尔只有 3503 票。俊金斯辞去参议院多数党领袖之职而专注竞选，因而得到了回报，而金利和安德森两人都忙于立法会议，一直持续到 1986 年 5 月才休会。

虽然布兰斯塔德州长在 1984 年领导了罗纳德·里根总统在艾奥瓦州进行的总统连任竞选，但他认为联邦政府没有采取足够措施阻止农场危机，因此疏远了这位国家首席执行官。布兰斯塔德还认为，他"缓慢但稳步的"振兴州经济的方法正在产生效果，但需要耐心。

20 世纪 80 年代的农场危机在十年前就有征兆了。政策失败、全球经济和政治、土地和商品价格剧烈波动，再加上两次干旱，导致了这场风暴。所有这一切的结果是带来了自 20 世纪 30 年代"大萧条"以来美国农民所面对的最糟糕的经济景观。但不同于"大萧条"，那时全国所有人都集体面临着经济衰退和不确定性，而现在只有农业才能感受到这个 20 世纪 80 年代危机的暴虐。

像其他大多数行业一样，农业在第二次世界大战后感受到了技术的积极作用。随着新型机械、种子、肥料和农药的出现，农民能够从肥沃的艾奥瓦州农田中收获破纪录的产量。最常见的问题是，农作物的高产量造成了价格下降。在 20 世纪 70 年代初期，情况有所不同，由于天气原因，除了美国之外，世界各地都收成不佳。突然间，盈余减少，价格上涨。

尼克松政府和苏联于 1972 年谈判，签订了为期多年的小麦和饲料谷物合同。对于艾奥瓦州农民而言，玉米价格在两年内提高至三倍，这是自有历史记录以来美国农民人均收入首次超过了城里人。1973 年，尼克松总统的农业部长厄尔·布茨号召美国农民"从篱笆到篱笆"种满庄稼，他告诉他们"要么做大，要么出局"。农民把这些话谨记于心，农业生产蓬勃发展。

商品价格上涨是农民的福气，但是却很短暂。1979 年，联邦储备委员会新任主席保罗·沃克提高利率来阻止通货膨胀。利率从个位数膨胀到两位数，这是自内战以来还没有见到过的情况。1981 年，利率打破纪录，达到 21.5%。美联储的行动使所有美国人无力借贷，艾奥瓦州和美国各地的家庭农场深受打击。全球政治局面又使艾奥瓦州农业生产者雪上加霜。1979 年苏联入侵阿富汗，作为对策，卡特总统命令停止向美国的冷战对手出口商品。

结果是农产品过剩导致价格下滑，利率上升导致许多农民承担更多的债务。农产品的收益不能支付这些高利率，但是许多生产者又借更多的钱，希望种更好的作物和卖更高的价格。

到 1984 年夏天，艾奥瓦州农民的苦难达到顶点。多数农业发达的州都在寻求联邦政府的帮助，但是他们的请求被置之不理。在罗纳德·里根总统第一任期内，管理和预算办公室主任戴维·斯托克曼认为农业自身产生了问题，联邦政府不应该参与其中。

1985 年 1 月，艾奥瓦州银行负责人汤姆·休斯顿与包括州长布兰斯塔德和艾奥瓦州立大学经济学家尼尔·哈尔在内的几位州高级官员和专家参加了斯托克曼在白宫的会议。代表团在那里呼吁里根政府兑现竞选承诺，为中西部农民提供 6.5 亿美元的信贷救济。

"他（斯托克曼）来晚了，还没在椅子上坐稳就开始批评起来，认为农业自己产生了问题，"哈尔说道，"布兰斯塔德正和斯托克曼沟通某一问题，突然布兰斯塔德起身抓起椅子摔到地上，他强调说，'我是艾奥瓦州里根连任委员会主席，我认为我应该得到比这更好的待遇。'"[99]

不管是作为未来严重依赖农业的州的领导人，还是从个人层面来讲，布兰斯塔德都感受到了农场危机所带来的创伤。他在价格高峰的时候曾买入了大量农田。

"他像其他人一样痛苦，"当时担任其高级顾问的道格·格罗斯说，"1981 年他在市场价格顶峰时买入了土地，赔了很多。事实上，我认为他有权宣布破产，但他坚决拒绝这样做。他认为这将为其他遭受痛苦的人树立坏的榜样。"格罗斯停下一会儿，回想当时的情况。"他是一个非常正直的人。他根本不会退缩。他觉得他应该经受农民们正在经受的痛苦。"[100]

直到今天，布兰斯塔德桌子上仍摆放着农场危机期间获得的标牌。上面写着："艰难时期不会持久，但坚强的人会。"2014 年，他自豪地指着标牌解释说，那是由罗伯特·舒勒所写的一本书的题目。舒勒是艾奥瓦州奥尔顿人，他在加利福尼亚州加登格罗夫的水晶大教堂开创了深受欢迎的《权力时刻》电视布道节目。

布兰斯塔德引导和帮助艾奥瓦州缓解农场危机的负担。他的政府对农业生产者进行了财产税退税，他们的牲畜和农场设备因此免税。1985 年成立了艾奥瓦州农村关怀热线，连接农村家庭和社区，提供从财务、法律到心理健康等咨询服务。

艾奥瓦州还安排了农民—贷款人调解，协助双方找到解决危机的共同点。州长强制施行了部分农场抵押延期偿债的政策，农场主在支付了利息但尚未支付其抵押贷款本金的情况下可以延期偿债。

1987 年，农业信贷法案由联邦政府通过，并于 1988 年 1 月 6 日颁布。该法案授权向困难农民及相关行业提供 40 亿美元的经济援助。这个法案为那些从农场信贷服务机构或农民管理局借款的人制定了新的指导原则。到 1988 年底，农田平均价格比前一年上涨了 20%，商品价格也在上涨，这表明艾奥瓦州和全国各地的农场危机已经开始走向结束。

显然，布兰斯塔德州长的行动有助于艾奥瓦州和整个国家进行变革。艾奥瓦州农场危机终于结束，土地价格再次开始向上攀升。之后，艾奥瓦州的农田价格连续增长将近 26 年，直到联邦环境保护署在 2013 年秋建议降低可再生能源燃料标准。之后，艾奥瓦州的农田价格下降了 15%。

"58%的艾奥瓦人说他们赞成布兰斯塔德的工作——与过去两年这位共和党州长得到的评价相比，几乎没有丝毫变化，"肯尼斯·皮斯在1988年6月27日的《得梅因纪事报》上写道，"使布兰斯塔德的好评度上升的一个标志是他与农民站在一起，1988年经济气候好转，这些农民对当选官员总体来说持肯定态度。现在，四名农民中有三人会说他们赞同布兰斯塔德的工作。"[101]

不过，1986年布兰斯塔德州长竞选第二届时，提出了以经济发展为中心的三项计划：改善经营环境，大力推进经济增长，通过旅游业宣传和发展艾奥瓦州是他的首要计划。此外，1986年国会通过里根总统签署的税收改革法案，州长力图有效利用由此带来的1.25亿至1.75亿美元的新岁入。

俊金斯认为，如果共和党在1986年当选或再次当选，那么农民看不到政策上的变化，农场危机将会持续下去。俊金斯还引用一个资料说，艾奥瓦州创造的就业机会在全国排名第四十八。1985年9月30日，俊金斯推出了一项计划，为艾奥瓦州的小企业提供1亿美元的援助。他表示这笔资金将用于更好的就业培训、一系列贷款和保险项目，以及更多新业务的研究和孵化。这个计划是他总计5亿美元的债券和税收计划的一部分，旨在拉动艾奥瓦州经济并取代现任州长。

"这些项目中有些已经落实到位，确实是好办法，"俊金斯在揭幕会上说。但他又补充说，"他们的规模不够大，不足以扭转经济局面。"[102]

布兰斯塔德州长的团队进行了有效的反击。"这些项目都是由布兰斯塔德政府启动的，"发言人迪克·沃斯说，"唯一的创新是俊金斯将使用债务和更高的税收来支付它们。而更高的税收不是小企业所需要的。"[103]

布兰斯塔德竞选团队充分利用债券问题，为反对党的计划创造了新的保险杠贴纸主题。贴纸上写着"俊金斯垃圾债券计划"。这次竞选也标志着与一位政治顾问的第二次联盟，该政治顾问注定要成为近期历史上最具影响力的人物之一。布兰斯塔德聘请罗杰·艾里斯帮助策划 1986 年竞选战略，并在 1990 年再次找他。

艾里斯毕业于俄亥俄大学，曾任理查德·尼克松、罗纳德·里根、乔治·W·布什等多位名人的媒体顾问。他以能够培训客户使其更加吸引选民而闻名。在 1992 年离开咨询业务之后，艾里斯进入电视行业，担任福克斯新闻频道总裁、福克斯电视台主席，因此是政治圈中最有影响力的人物之一。一路上，他帮助塑造了很多人的职业生涯，其中就包括拉什·林堡、肖恩·汉尼迪、比尔·奥雷利等人。

但他也招致了民主党特工人员的不满，他们认为艾里斯的风格大多是消极的。

"我会聘请那些能熟练高效地做好本职工作的人，罗杰·艾里斯是全国最好的媒体顾问，"布兰斯塔德当时说。多年以后，他解释了艾里斯的工作方式："我去了他在纽约市的办公室，他对我进行了密集训练……也就是说，他会连珠炮似地提问，然后停下来定格，然后与你再次讨论那些问题，甚至讨论如何使用手势和诸如此类的问题。那是一次很棒的经历，我从中学到了很多东西。"[104]

在选举前进行了三次辩论。俊金斯力争举行更多场辩论，但布兰斯塔德州长认为越多的辩论越会稀释这个过程，民众的关注也会越少。在竞选后期，美联社报道这两人"争论宗教、堕胎以及谁的妻子最有吸引力的问题"。有关候选人妻子的报道源于布兰斯塔德在艾达格罗夫竞选站的活动，在那里，他提到了与俊金斯的三次辩论。

"我觉得我们在这些辩论中做得很好，我知道我的妻子看起来胜过……"布兰斯塔德停下来没有说完这句话，"嗯，让我这样说：她是美国最漂亮和最年轻的第一夫人。我不说她比谁更好，我会说她是最好的。这应该不会让我惹麻烦。"[105]

另外，很少有人知道关于辩论的另一要素，负责1986年竞选的苏珊·尼利回忆道："在1982年和1986年的竞选辩论中，由我代表特里投掷硬币来确定开场白的顺序，这已经成为我们的传统。我每一次掷硬币都赢，从未失过手。我不是特别迷信，但是在1986年最后一次辩论时，当我掷赢了，我就放心了，觉得那会是选举结果的好兆头。"[106]

尼利还透露，在两次竞选中，她在一个小问题上与州长有分歧，这个问题与保险杠贴纸有关。

"特里表面上不是很固执的。但是，他坚持要保证最大多数的汽车上贴有蓝白色的保险杠贴纸。如果他参加一次筹款活动，没有一群热切的年轻人迎接他并准备好贴上保险杠贴纸，那么不管筹集了多少钱，他都会认为活动不成功。在竞选初期，我争辩说没有必要总是让那么多年轻人给保险杠贴纸，而且事实上，主要的捐款人甚至都不想要贴纸。他否定了我的想法，指出每次他看到一张保险杠贴纸，就知道那是一张投票！"[107]

直到 11 月 4 日的大选，大多数民意调查显示布兰斯塔德的领先优势有所降低。两位州长候选人总计花了 300 万美元，创下历年最高纪录。布兰斯塔德花了 1878910 美元，而俊金斯花了 997167 美元。据预测，那次大选是 40 年来选民数最少的一次，民主党和共和党都敦促其成员行使投票权。1986 年 11 月 2 日（星期日）的《得梅因纪事报》调查显示，俊金斯在两周前已经迎头追上了。民意调查显示，10 月 18 日州长领先的支持率由 18% 缩减至 8%，其中 12% 尚未确定。

在选举前一天，布兰斯塔德州长在奥尔温、迪比克、梅森市、伯灵顿和奥塔姆瓦与民主党竞选伙伴一起参加竞选活动。俊金斯在得梅因特殊中学结束了竞选——他也是在同一个地方宣布参选的。在选举日，共投出 910623 票，布兰斯塔德州长获得了 472712 票（52%），而俊金斯获得 436987 票（48%）。

在败选演说中，俊金斯说他有理由乐观地看待这次竞选。"在我的失败中艾奥瓦州会更好。现在有对教育、就业和农业的承诺，这在几个月前是没有的。"[108]

布兰斯塔德的胜选聚会再次在得梅因万豪酒店举行，由大约 400 人组成的团体领唱"再来四年"。在胜选演讲中，布兰斯塔德对艾奥瓦州人民表示感谢，并对艾奥瓦州的未来感到乐观。"最重要的是，我为这个州的人民感到自豪。我知道他们经历了什么，而且我们已经播下了种子，使艾奥瓦州经济向多元化发展。"

艾奥瓦州共和党主席大卫·奥曼对于这场差别并不悬殊的比赛结果并不感到惊讶。"所有人都知道在最后几天民主党人会失败，"他说道，"我们知道结果会很接近，（但）没想到这么接近。"[109]

败选之后，民主党人对于这场基于艾奥瓦州治理理念的差异（主要是俊金斯提出的5亿美元的债券问题相对于布兰斯塔德州长的保守做法）而进行的全民投票并没有谈论太多。民主党主席亚瑟·戴维斯表示，俊金斯让州长赢得不容易。"（布兰斯塔德的胜利）不难理解。在艾奥瓦州很难打败共和党当政者。在像艾奥瓦州这样的保守社会，民众害怕事情会变得更糟。"[110]

2014年，斯特勒曼在《城市景观》的一篇文章中发表了不同的看法："安德森有可能在竞选中打败布兰斯塔德，特别是在他已经赢得了一次全州的竞选后。但民主党人选择了俊金斯，因为他代表了党内人士，他们信奉同样的败选原因。"[111]

在副州长竞选中，艾奥瓦人选出了第一位女性副州长。副州长鲍勃·安德森为了专注于竞选州长而辞职，从而空出了职位，民主党人乔·安·齐默尔曼险胜共和党挑战者琼·利普斯基。这是接连第二次在艾奥瓦州州长选举中州长与副州长来自敌对党派，这也是最后一次。

1986年的州长选举是对布兰斯塔德州长第一届任职的全民投票。最后，艾奥瓦人选择了布兰斯塔德缓慢而稳定地恢复经济的做法，没有选择基于新债券和税收政策的5亿美元的提案。布兰斯塔德先后六次竞选艾奥瓦州的最高职位，这是他遇到的最紧张的一次。

在 1987 年 1 月 21 日的就职演说中，布兰斯塔德将他的首要重点转到了教育领域。他呼吁在这一领域额外投入 1.51 亿美元，用以推动他称之为"拥有前所未有的广度的教育项目"。

"有人说我们兑现不了这个承诺，"他说道，"让我们不要忘记，比教育更昂贵的是无知。"

07

最大的一次胜利

（1990 年竞选）

1988 年 10 月 2 日，在《得梅因纪事报》专栏里，詹姆斯·P·甘农编辑就"如何解决艾奥瓦州的问题"提出了他的看法。他说重点应该放在州经济的未来，认为艾奥瓦州"在 20 世纪 80 年代遭受了巨大的经济打击"，因而"竞选应该着重于使下一个十年比过去十年更好"。

"布兰斯塔德上台时运气不好，当时各种强大的经济力量给艾奥瓦州农场、小企业和小城镇造成一连串的打击。这十年中他在政治上挺过来了，在 1990 年争取第三届任期可以检验他是否具有竞选者的机敏，以及是否具有吸引弱小对手的运气。他也许没有运气下次遇到一个容易对付的敌手，但他可能会受益于更好的经济气候。艾奥瓦州的农场和企业现在正在恢复，1988 年尽管干旱，但是对大多数人而言仍然是好年景。"[112]

甘农认为，艾奥瓦州的当务之急是应对人口减少的问题，应该增强艾奥瓦州对年轻人的吸引力，使其成为适宜生活、经商和养家的地方。

在第二届任职后期，布兰斯塔德成为全国共和党舞台上强有力的角色。他在里根的白宫得到广泛的认可和尊重，这在很大程度上归功于里根在世界卫生组织广播的那些年（1936—1937 年）与得梅因建立的密切联系，以及布兰斯塔德的工作精神和正直的人品。1989 年他当选为国家州长协会主席，任期一年，同时也担任中西部州长协会主席。他多次飞往华盛顿参加各种会议，并被共和党人邀请发表竞选讲话和支持声明。

在宣布作为国家州长协会主席的计划时，布兰斯塔德说他将专注于教育和环境："这是艾奥瓦州教育质量得到国家和国际认可的好机会，"他告诉《得梅因纪事报》的托马斯·福加尔迪，"我们在环境领域所作的一些创新也能为人所知。我认为这有助于我们的经济发展。"[113]

杜克大学的学者罗伯特·贝恩是州长中心主任，他预测这个主席的位置会对布兰斯塔德 1990 年的选举有利。"这肯定是政治加分项，至少可以说明这位州长的同事们认为他足以担任主席。"[114]

不久之后，布兰斯塔德入选州长小组去联合国与英国首相撒切尔夫人会面，这更加提升了他的声誉。

就在几个月前，那是 1988 年 11 月 22 日，他经历了最有趣的旅行之一，那天他在亚拉巴马州的博恩特科利尔参加全国共和党州长会议时参观了"列克星敦"号航母。该航母当时在墨西哥湾进行训练任务，州长们受邀登上航母。当时布兰斯塔德并不知晓"列克星敦"号是尼罗·肯尼克最后的家——肯尼克是艾奥瓦州传奇的橄榄球运动员、1939 年海斯曼杯获得者。肯尼克那时在航母上驻扎，1943 年 6 月 2 日上午，他从航母甲板上飞离南美洲海岸，然后一去无回。他的 F4F"野猫"单座战斗机出现漏油，在距离航母几英里的平静海域坠落。虽然他们立即派出救援飞机和船只，但肯尼克的飞机再也未被找到，他去世时只有 24 岁。肯尼克的爷爷乔治·W·克拉克担任过两届（1913—1917）艾奥瓦州州长，他的半身像就在布兰斯塔德州长在州议会大厦的办公室里，就在他的办公桌后。许多认识尼罗·肯尼克的人都确信有一天他会竞选艾奥瓦州州长。

几个月后，布兰斯塔德发现自己出现在《梅森市环球观察报》的一则文章中，该文赞扬他在推动全国教育改革方面所作的努力，标题为"布兰斯塔德把教育放在首位"。

"特里·布兰斯塔德州长在担任国家州长协会主席期间取得了显著成绩：这位艾奥瓦州共和党人说服了美国总统在今天与 50 位州长举行了教育峰会——他们都参会了。这才是历史上第三次总统与州长们会面（泰迪·罗斯福参加了第一次会议，富兰克林·罗斯福在"大萧条"时期也出席过）。这一事实深刻表明，国家认识到了教育问题的紧迫性，而这是来自艾奥瓦州的主席自然而然要做的。

"布兰斯塔德告诫说，我们不应该做太多宏伟计划或太关注细节。相反，通过几次闭门会议，我们将教育带到国家的前沿。由于总统的出席，这项任务可能已经完成了。其他州长当然会要求对新项目作出具体的承诺，观察员也在密切关注这一点（详见本页专栏文章和马里奥·库莫尔州长周二在《环球观察报》上发表的观点）。

"布兰斯塔德应该作好准备处理一些棘手的提议。作为主席，当他回到艾奥瓦州时，他可能不得不坚持那些政纲条款，不管它们是否有价值。这些政纲建立在某些平台和梦想之上，变化不定。无论发生什么或是不发生什么，艾奥瓦人都应该对本周的教育峰会感到高兴，我们的州长已经把全国的注意力吸引到他们最看重的问题上。

"那个成就可不小。"[115]

展望 1990 年，布兰斯塔德赢得第三届任期的把握似乎很大。大卫·叶普森也许是过去 30 年来全州最知名的政治作家，他在 1988 年 5 月 30 日的专栏中预言布兰斯塔德将再次获胜："我敢打赌特里·布兰斯塔德将在 1990 年连任州长。他的工作做得越来越顺，经济正在向着他期冀的方向发展，民主党人也期待着给他搭个顺风车。"

让人惊讶的是，叶普森甚至把布兰斯塔德和他的前任老板作了对比："布兰斯塔德可能是比鲍勃·雷更好的州长。在 70 年代的繁荣时期，雷担任州长会更容易些，相比 80 年代的困难时期，布兰斯塔德管理起来要更难。雷行事果断，作了很多艰难的决定（比如关闭老旧破败的学校或在州的大学里结束重复设置）。

"布兰斯塔德所作的决定是截然不同的，如增税和削减预算。雷做事当然比布兰斯塔德表现得更为老到，但很显然，特里·布兰斯塔德所处的时代和所面临的选择要比雷的更难管理。"[116]

1990 年的选举与以往不同，不再在全州进行副州长竞选。1988 年秋天，《艾奥瓦州宪法》修正案第一次规定，不同党派各自提名的州长候选人将选择自己的竞选伙伴，副州长不再由全州选举产生。布兰斯塔德推动了这一法案的通过。"自从 1982 年首次当选以来，共和党人布兰斯塔德就有了一位民主党副州长，这是产生这一法案的主要动力，"美联社报道说，"批评家说那没什么意义，因为一位民主党副州长在共和党政府内不会有太多事情可做。副州长的唯一正式任务是主持参议院，而几乎所有的真正决定都是由议会中的政党领袖作出的。"[117]

在布兰斯塔德州长第三次竞选的初选阶段，跟往常一样，仍然没有共和党人提名竞争者。不过传言说可能有一位挑战者。

"有人暗示他将面对来自党内的美国参议员查尔斯·格拉斯利的挑战，布兰斯塔德州长在周一对此表示不屑，他坚持说现在谈论 1990 年的州长政治还为时尚早，"1989 年《得梅因纪事报》的凯文·巴斯金斯写道，"在过去的一周，有报道说格拉斯利去年在竞选他的第二届六年任期时获得了压倒性的胜利，有可能有兴趣竞选州长。布兰斯塔德遭到党内右翼的批评也助长了这一猜测。

"当布兰斯塔德呼吁重新制定艾奥瓦州的所得税法时，他与共和党的保守派人士陷入了政治纠葛。"[118]

有篇文章中还把美联社的报道也包括进来，引用了布兰斯塔德和格拉斯利的话，否认格拉斯利要在这个方向上发展，于是传言很快就消失了。

特里·布兰斯塔德在 1990 年 4 月 5 日失去了重要的亲人，他的母亲 64 岁时死于心脏病发作。当收到母亲被救护车送往当地医院的消息时，他立即飞往弗瑞斯特市。

"她总会让人开怀大笑，"州长这样告诉《弗瑞斯特城高峰论坛报》的作家阿特·卡伦，"我们以前常争论政治。"卡伦补充说，丽塔·布兰斯塔德是"温尼贝戈县民主党中央委员会的长期会员，但当特里从政之后，她也变成了共和党人。她为了儿子的竞选也不知疲倦……在乡村小路上拖着一辆拖车，拉着巨大的布兰斯塔德条幅"。[119]

但是他很快就恢复了工作。民主党初选有五名候选人力争进入大选，与布兰斯塔德正面较量。唐纳德·"唐"·D·艾文森是艾奥瓦州众议院的长期成员。艾文森来自明尼阿波利斯，初中毕业于奥尔温，在里弗福尔斯的威斯康星大学继续接受高等教育，获政治学和历史学学位。艾文森在 1972 年首次入选艾奥瓦州众议院。在第二任期内，他成为众议院多数党领袖助理，并且担任该职位直到 1978 年。艾文森 1979—1982 年担任州众议院少数党领袖，1983 年成为州众议院的发言人，并担任这一职务直至 1990 年的州长大选。

汤姆·米勒，来自杜布克，华莱特中学毕业，获洛拉斯学院学士学位。他于 1969 年在哈佛法学院获得学士学位。米勒于 1978 年被选为艾奥瓦州总检察长，并担任该职务直到 1990 年加入州长竞选。

第三名候选人是乔·安·（麦金托什）·齐默尔曼，出生于范布伦县，以优秀毕业生的身份毕业于基奥索夸中学。她在布劳德朗斯护理医学院获得学士学位。齐默尔曼在 1982 年入选艾奥瓦州众议院，并在 1986 年赢得了副州长一职。

第四名候选人是约翰·克里斯托尔，他是农场主、银行家、民主党领导人、顾问、库恩拉皮兹驻苏联公民大使。1959 年，克里斯托尔作为加斯特家族的成员，在苏联部长会议主席尼基塔·赫鲁晓夫参观农场作业时帮助接待，这使他声名狼藉。

来自得梅因的活动家达罗德·鲍尔斯也加入了竞选活动。鲍尔斯提出了建设新的州基础设施的 20 年计划。在斯宾塞的竞选演讲中，他说："这是我第一年竞选州长。我还是个新人。"[120]

1988 年 5 月 30 日，大卫·叶普森在《得梅因纪事报》的专栏里已经预言过布兰斯塔德比较容易赢得三连冠："经济越来越好，民主党人内部分成五路进行初选大战，这会使他们的力量分裂和破碎。赌注压在布兰斯塔德身上的另一个原因是民主党人决定要小心应对他。"叶普森指出，民主党人似乎表示不会采用消极的竞争手段，而他说那是有效的。"鲍勃·多尔今年在新罕布什尔州从乔治·布什那里学了一手：不能让攻击得不到回应。特里·布兰斯塔德与布什用同一位媒体顾问：一位名叫罗杰·艾里斯的人，他是最棒的业内人士之一。"[121]

在民主党初选中，堕胎权成为首要议题。在五位民主党候选人中，汤姆·米勒是唯一反对堕胎的。1990 年 4 月 16—18 日《得梅因纪事报》进行的民调显示，总检察长的支持率为 21%，艾文森为 18%，克里斯托尔为 14%。尽管米勒再三发誓除了通知有适当保护措施的未成年人的父母外，不会主张或提出任何新的限制，他还是受到"全国堕胎权利行动联盟"和其他堕胎权利支持者的抨击。

据《纽约时报》5 月 28 日的一篇文章报道，艾米·马西，一位退休的社会学副教授在苏城的家里举行了堕胎权利派对，她说："我非常愿意为单个问题投票，虽然一般我会反对这样做。我认为这是我们的关键时刻。"[122]

赞成堕胎权的候选人也未能免遭打击。许多支持堕胎权利的团体担心，持支持态度的两位领先的候选人会面临分散选票的危险，于是他们对艾文森加大了支持力度，而冷落了克里斯托尔，这使后者抱怨"那个打肿脸充胖子的、来自华盛顿的未来国王拥护者"正在影响艾奥瓦州的比赛。[123]

艾文森表示他相信堕胎问题将成为赢得初选的关键，并指出这也在初选选民中制造了最激动的情绪。

随着初选临近，齐默尔曼退出成为艾文森的竞选伙伴。初选于 1990 年 6 月 5 日举行，艾文森共得到 79022 票，占 39%；克里斯托尔最终得到 63364 票，占 31%；米勒获得了 52170 票，占 26%。

布兰斯塔德评论说，他对艾文森的胜利并不感到惊讶，因为所有的传统团体都在背后支持他。州长还表示他不确定堕胎问题会成为选举的主要因素。在艾奥瓦公共电视台的《艾奥瓦新闻》

节目中，他说："这是一个问题，我认为不应该避而不谈。这不是唯一的问题，还有很多其他问题也很重要。"他补充说道，"我不担心……（但是选民）会认识到作为一个州长，要应对的问题远不止于对堕胎的态度。"

民主党初选中的三位候选人立即要求其支持者团结在艾文森身后。"我可以做任何事情来帮助他赢得这个州长竞选，"米勒说道，"这是一场竞选的结束，也是另一场竞选的开始。"[124]

1990 年大选期间的主要问题包括教育、经济发展、死刑和税收。两位候选人几乎在所有问题上的观点都截然不同。艾文森为大学生争取"有限学费增长"政策，并希望在州收入允许的情况下取消社区大学的学费。布兰斯塔德更多地关注从事基础教育的教师，目标是在其未来任职的四年内将他们的薪酬提高到全国平均水平。艾文森主张通过州的援助进行职业培训来促进经济发展。布兰斯塔德曾引领艾奥瓦州经济从 20 世纪 80 年代毁灭性的农场危机中稳步恢复过来，他提出更大的经济发展格局。州长选择能"加强并多元化"州有经济的战略，他主张实施鼓励外国政府投资艾奥瓦州的项目。

他的竞选广告声明：通过裁员和重组政府，他为艾奥瓦州节省了 6000 万美元，他拒绝了 2.77 亿美元的增税和 3.58 亿美元的额外支出，并且在位期间每年都保持预算平衡。而布兰斯塔德强调"教育是让州充满活力和经济健康的基石"，共和党候选人的总主题是"敢于梦想更好的艾奥瓦州"。

堕胎问题几乎是民主党人初选唯一的焦点问题，在大选中又重新出现。艾文森主张堕胎权，打算否决立法委通过的任何新的限制。他反对州行使任何权利限制女性的选择。而反对堕胎的布兰斯塔德宣称不会修改州有关堕胎的现行规定。不过，州长说如果立法委通过的话，他愿意签署父母通知和统计报告法案。

关于死刑，艾文森反对恢复死刑，但是主张"严密监控"毒贩；布兰斯塔德主张对那些为了掩盖死罪而杀人的罪犯或者狱中服刑时杀死狱警的罪犯恢复死刑。

候选人对税收问题意见一致：布兰斯塔德和艾文森都认为在未来几年内不需要实行增税政策。

1990 年 6 月 11 日，布兰斯塔德突然获得了一个联盟的重要支持，该联盟原来一直（他的前两次州长选举时）是支持民主党的。州教师联盟，即艾奥瓦州教育协会在大选中支持了布兰斯塔德而不是艾文森。在民主党初选中，该联盟支持艾文森。不过，该联盟主席肯·蒂普对布兰斯塔德州长自 1986 年连任以来取得的成绩非常认可，这其中就包括 1987 年为教师加薪达 9250 万美元。

"1986 年他（布兰斯塔德）对我们不具有公信力。过去四年来他已经变得值得信赖了。"联盟上一次支持的共和党州长候选人是 1974 年竞选的罗伯特·雷。[125]

由于 1986 年《艾奥瓦州宪法》的修正案允许州长候选人选择自己的队友（而不是在全州投票中选出），布兰斯塔德宣布乔伊·康宁将是他的竞选搭档。康宁出生在艾奥瓦州中南部小镇布里奇沃特，毕业于北艾奥瓦大学。她以前是教师，是锡达福尔斯学校董事会成员、艾奥瓦州学校董事会前主任，目前是第二任州参议员，任期四年，代表当时位于黑鹰郡的参议院第 12 区。与州长的立场不同，她赞成妇女的堕胎权，这有助于在大选期间缓和这个问题。

康宁还在参议院的时候，法律发生了变化，州长和副州长候选人可以来自同一党派。"但是我从来没有想到会与我有关，"她2014 年说道。她又补充说，当她的名字首次作为副州长候选人出现在报纸上时，她感到很惊讶。她受邀与布兰斯塔德会面，并且告诉后者她有兴趣参与竞选，然后她会见了州长的工作人员。不久之后，她和丈夫伯特在露台山与特里和克莉丝·布兰斯塔德一起吃早餐。"伯特和我讨论了参选的可能性，以及这会在多大程度上改变我们的生活，"她说道。然后消息传来，她是布兰斯塔德的副州长人选。

"在州会议中有一些人反对，"她回忆道，"当有人问特里为什么选择乔伊·康宁时，他说因为我赢过选举，知道如何竞选。但我认为他意识到我的脾气平和，并且总是持中立态度。能被选中我真是太高兴了——我在锡达福尔斯学校董事会工作了 11 年，现在正作为州参议员进入第二届任期，而竞选副州长为我开辟了一个全新的世界。"[126]

选择一位并不总是与他步调一致的女性作为副手，布兰斯塔德表明他有能力与不同的观点进行合作，并相信政府高层应多元化。

"乔伊和我并不是在每一个问题上都意见相同，"当时州长说道，"我认为我们之间并没有很大的分歧。在州所面临的绝大多数关键问题上我们都观点一致。 我们的基本方法和理念是一致的。"[127] 他们的工作精神也是同步的：康宁从 6 月中旬被选为布兰斯塔德的搭档到 11 月初正式当选，估计在全州的出差里程达 2 万多英里。

大部分时间是她的行政助理卡罗尔·齐格勒开车，而乔伊则研究下一站要讨论的问题。她最关心的两个问题是寄养项目和多元化。

竞选中有一个关键时刻，一对农场夫妇在奥尔温小镇会议上宣布，由于农场危机的遗留问题他们将要失去农场。他们说已经联系了艾文森办公室，但没有得到任何帮助。布兰斯塔德的竞选工作人员听说他们的困境后，帮他们重新办了抵押。顾问罗杰·艾里斯为奥尔温夫妇安排了采访，了解布兰斯塔德如何帮助拯救了他们的农场。

当时的竞选经理大卫·勒德雷尔在 2015 年回顾说，这是竞选的转折点，这一事件是布兰斯塔德员工如何共同努力达成共同目标的完美例证。原来，一位名为基斯·赫弗曼的工作人员接到一个人的电话说"联系了艾文森办公室，并告诉了他们情况，但被告知'我们不做这样的事情'"。

布兰斯塔德的工作人员接起球并带球跑，州长则一路给予支持。勒德雷尔说："那位妻子最终为我们做了见证，这件事也有力地证明了州长雇用的是什么样的员工。他说起还有一次，州长甚至给一位资深记者也留下了深刻的印象，因为他能与各级人士打成一片。

"美联社的麦克·格洛夫有一次家庭出游，他带女儿到佩拉参加郁金香节。州长穿了戏服、木鞋以及全套装备帮助清理街道。一周后格洛夫告诉我：'你的那个家伙永远不会被打败。我看到州长清理佩拉的街道，我想可能还有少数政客会这样做，但没有人会像特里·布兰斯塔德那样喜欢这么做。'"

重讲这个故事的时候，勒德雷尔忍不住笑起来："有多少政客会那么做？事实是人们跟他关系很好，因为他们看到他是多么真实，而且他真的很在乎他们。"[128]

艾文森认为布兰斯塔德会指责他恃强凌弱，所以他的第一则电视广告就解释说他不是这样的人。但是这个标签还是留了下来，尽管布兰斯塔德无意这样称呼他。"恃强凌弱者的指责反而弄巧成拙，"布兰斯塔德在 2014 年说，"在政界，艾文森是个非常强大的圈内人，但他并不擅长处理公众问题。"[129]

9 月中旬，民意调查显示两位候选人正处于殊死较量的状态，布兰斯塔德为 47%，而艾文森为 44%。但是随着选举的临近，布兰斯塔德开始处于实质性的领先地位。在选举日前两周，《得梅因纪事报》的民调显示州长领先艾文森 19 个点。到 1990 年 11 月 1 日，布兰斯塔德州长仍然保持 17 个点的领先优势，但还有 11% 是不确定的。

1990 年 11 月 6 日是选举日，布兰斯塔德以领先 21.8 个点的惊人成绩打败对手。99 个县中他赢得了 96 个，除李、瓦佩洛和约翰逊之外。在共计 976483 张选票中，布兰斯塔德得到 591852 票，而艾文森得到 379372 票。

位于市中心的得梅因万豪酒店为州长特里·布兰斯塔德举行了第三次庆祝，庆祝他最大的一次胜利。布兰斯塔德在面对众多支持者的胜选演讲中说道："我们走了很长的路。我们为这个州还能做很多，但是我们只做了些皮毛。我在农场危机的艰难时代接手工作，然而我们从来没有放弃过。"

08

记忆犹新的
艰难初选

（1994 年竞选）

1991年7月，在第三届任期的初期，布兰斯塔德州长宣布大幅削减公务人员数量时，在艾奥瓦州掀起了一场地震。头条上赫然写着"布兰斯塔德裁掉了851名工人"，副标题为"州长考虑还要裁掉多达1100名雇员"。[130]

裁员预计将节约大约2000万美元的经营成本，人力部一举失去了350名员工。工会领导人立即炮轰这一举动，称之为艾奥瓦州"黑色的一天"。不久之后，又有417名州公务员被裁，而布兰斯塔德则给艾奥瓦人写了一封长信，要求全州各地的日报和周报刊登。他写道：

上周我宣布在本财政年度完成州政府的减员。这个行动是平衡州预算和使我们的财政有序进行的必要条件。为了避免州税收的大幅增加，这是困难的但却是必要的行动。我为那些受到影响的人感到难过，我已经启动了一个再就业项目来协助他们寻找新的工作。

作为艾奥瓦州州长，我有义务平衡所有艾奥瓦人的利益，我相信大多数艾奥瓦人支持我所采取的行动。由于州支出不能总是超过纳税人的支付能力，所以必须减少人员。

在 117 天的立法会期间，我要求立法者削减开支以平衡预算。立法会在没有平衡预算的情况下结束了，于是我通过项目否决程序削减了 4400 万美元，另外通过全面削减开支 3.25%，节省了 1 亿美元，并宣布减员。我也成立了一个州委员会，对州支出的永久性改革提出建议。

以我们州的人口和个人收入来看，州政府对于艾奥瓦人来说太大太昂贵。不进行项目否决、全面削减开支和减员的话，唯一的方法是大幅提高税收，而这会使一些人、投资和私营部门的就业机会离开我们州。艾奥瓦州勤劳的人们也必须小心地在个人预算与支付能力之间达成平衡；政府也必须这样做。我的目标是发展经济，让更多的艾奥瓦人能够享受更高的生活水平。

30 年来州政府的规模翻了一番，而州人口几乎没变。1960 年，每 10000 名艾奥瓦人相对应的公务人员数为 83 人；现在这个数字是 167。更令人震惊的是，州和地方政府人均支出增长了 810%，从 1960 年的每人 253 美元增加到 1990 年的每人 2303 美元。

在过去十年中，州政府的薪水比艾奥瓦人的薪水提升快得多。州公务员的平均周薪从 1980 年的 278 美元提高至 1990 年的 527 美元，而 1960 年全体艾奥瓦人的平均周工资为 251 美元，到 1990 年增长到 366 美元。在 20 世纪 80 年代困难的十年里，州公务员的薪水在十年间有九年都在增长。

过去十年，州长工资增长率只有州公务员的一半。与某些人所说的相反，今年我没有加薪。事实上，由于我没有要求其他公务员所得到的加薪，现在有 1057 名州公务员挣得比州长多。而 1983 年我刚上任时，只有 27 人工资比我高。

我已采取坚决行动来平衡预算，以履行我的宪法和法定责任。联邦政府和其他许多州也正面临类似的预算问题。通过现在采取行动，我想恢复艾奥瓦州的财政偿付能力，并引领全国其他州向这个方向发展。我很有信心，我这么做是为了艾奥瓦州公民的最高利益，我非常感谢那些支持我作出这些艰难决定的艾奥瓦人。[131]

很有意思的是，布兰斯塔德把州公务员和普通雇员的工资涨幅进行了对比。另外值得注意的是州长的工资。他表示，有1057名州公务员的工资超过州长的工资，而他上任的时候只有27名。尽管他从来没有抱怨过州长的工资，但是挣更多的钱是布兰斯塔德当时准备离职的原因之一。"我答应妻子会去赚钱，所以我要这样做，"他在1999年离职四个月后说。[132]

风暴即将开始。1994年艾奥瓦州州长选举标志着布兰斯塔德州长第一次有了初选对手。挑战来自艾奥瓦州的高人气美国国会议员、来自第五区的弗雷德·格兰迪，然后是一场激动人心的共和党初选竞争。

弗雷德里克·劳伦斯·"弗雷德"·格兰迪出生于苏城。他就读于新罕布什尔州的菲利普斯埃克塞特学院，在那里，他与德怀特·艾森豪威尔总统的孙子成为室友。格兰迪于1970年获得哈佛大学英语学士学位，以优异成绩毕业。他曾考虑读法学院，但最终还是开始了表演生涯。

20世纪70年代，格兰迪活跃于许多国家电视节目上。他最著名的角色来自《爱情小船》系列，在1977—1986年期间，他因在其中扮演高弗一角而广受欢迎。结束表演生涯后，格兰迪代表艾奥瓦州西北部第五区参加美国国会竞选，从1987年到1995年连续任职四届。

1993年12月，格兰迪宣布以共和党候选人身份参加1994年艾奥瓦州州长选举。"我无比相信这个党派需要新的选择，"格兰迪说，"我认为这个过程对共和党是有利的，我坚信这对艾奥瓦州是有好处的，这对我们称之为民主的进程至关重要。"[133]

他指责布兰斯塔德任职时间过长，没有控制住州预算，而且也未能就关键问题达成两党共识。格兰迪指出现任州长在全州各地获得共和党强有力的支持，他认为布兰斯塔德在大选时容易受到失败的打击。

民主党提名了三位初选候选人。邦妮·J·皮尔斯·坎贝尔是现任艾奥瓦州总检察长，她是1982年在初选中失败的民主党州长候选人爱德·坎贝尔的妻子。坎贝尔是纽约州北部人，在农场长大，后来搬到了华盛顿特区。1969年，她为艾奥瓦州参议员哈罗德·休斯工作，后来搬到了艾奥瓦州。1974—1980年，她担任艾奥瓦州参议员约翰·库尔弗的办公室主管。

坎贝尔于1982年毕业于德雷克大学，1985年从德雷克大学法学院获得学士学位。1985—1990年她在得梅因从事法律行业，1987—1991年担任艾奥瓦州民主党主席。1990—1994年，坎贝尔担任艾奥瓦州总检察长。在她之前，汤姆·米勒辞职参加州长初选未果，从而空出了这个职位。

坎贝尔把竞选活动集中在州财政问题上。她主张消除预算赤字，重新审视预算优先事项，收取拖欠州的费用和罚款，消除税法漏洞和更新州的技术。

她面对的民主党州长提名对手是理查德·"比尔"·里查特。他在艾奥瓦市出生和长大，高中运动生涯非常成功，并入读艾奥瓦大学，获得经济学学位。1951年，理查特作为鹰眼队的后卫赢得了全美橄榄球荣誉，跻身十大最有价值球员之列。他与国家橄榄球联盟的"绿湾包装工队"打了一个赛季。朝鲜战争期间，他在美国空军服役。退伍后，理查特搬到了得梅因，开始了多种商业和组织活动，包括开了一家广受欢迎的男士正装店。

理查特曾在艾奥瓦州众议院任职两年，代表波尔克县，1966年他入选艾奥瓦州参议院，任期四年。他的宣传平台专注于教育。理查特尤其想让三万辍学者返回学校。他认为"85%的成年囚犯在少年时曾犯过罪。成人监狱中有90%的人辍过学"。理查特倡导教育是经济增长和减少犯罪的关键。他说，应该改革州的高税率以吸引新商业投资，防止人员流失。

第三名候选人达罗尔德·鲍尔斯主张两党协议实施一整套经济措施，艾奥瓦州的一些贫穷县也包括在内，成为新的经济发展的受益人。

在共和党初选中，格兰迪在全州开展了一场"艾奥瓦州真相"之旅，宣称"艾奥瓦人值得拥有更好"。他说他执政的首要任务是通过已提议的5亿美元州税与财产税的削减来刺激州经济发展，同时冻结支出。他还倡导废除重案犯假释、受害者权利法案和打击团伙罪犯的法律。

"这个竞选不是否定州长，而是对州长的批判，"他说道，"他不是坏人。但他是一位糟糕的管理者，只有任职期限能解决这个问题。"格兰迪称布兰斯塔德为"万事达州长"，并认为州企图用"两本账"掩盖赤字。"当州用两本账的时候，它就不再按时为学校付费。"[134]"两本账"的比喻是指使用不同的计算方法以获得想要的结果。

在《得梅因纪事报》专栏中，戴夫·叶普森表示布兰斯塔德的竞选目标是迫使格兰迪在初选前退出比赛，这类似于鲍勃·雷曾成功迫使他的副州长罗杰·杰普森退出候选人名单。叶普森认为格兰迪的竞选活动似乎开始得有点晚，而且一开始就没什么效果。叶普森表示，他过早决定使用电视广告，这是很失策的。

"在竞选初期播出任何形式的电视广告都令政治工作者们很不解，他们认为格兰迪在追随唐·艾文森的媒体策略——早早在电视广告上浪费太多资源，而此时绝大多数未决选民还远未关注此事。如同艾文森1990年的战略一样，格兰迪过早进行电视广告，就像一个不顾一切的橄榄球员，一边念着'万福玛利亚'的祈祷词，一边孤注一掷地传出一球。党派人士嗅到了布兰斯塔德胜利的味道。在政治上，感觉很快就成为现实，人们都想跟着胜利者走。"[135]

就在12天后，麦克·格洛弗在美联社的专栏文章里写道，双方在风格和战术上有冲突："布兰斯塔德的策略证实了他正在寻求一击而中的方法，迫使格兰迪退出比赛。"格洛弗引用了格兰迪的话，指出他的目的就是要和特里·布兰斯塔德进行"截然不同的竞选。艾奥瓦州不需要两位特里·布兰斯塔德，我们已经有一位特里·布兰斯塔德了，已经太多了"。[136]

同时，布兰斯塔德的竞选重点是维持经济增长，提高教育水平，打造优良医疗服务，严厉打击犯罪。他参照 1992 年出台的支出限额法，即对支出有 99% 的限额，反驳了格兰迪（和其他批评人）对他使用"两本账"的指控。此外，法律规定州议会和州长需召开收入估算会议进行某些收入估算。同时，它建立了现金储备基金，纳入通用会计准则以规范州的会计程序，修订了经济应急基金的规定，规定普通基金盈余用于储备基金和通用会计准则赤字。

"我想我已经改变了很多，"州长说道，"想想 1983 年 1 月我当州长时艾奥瓦州的样子，然后看看今天，在这个州里，我们的大学里有更加集中的优质教育，经济发展创造了更多优质的工作，还有长期的农业研究也即将收获成功。"[137]

他也告诉格洛弗："初选是一场有组织的战斗。我认为这将是对我们组织的一次很好的考验。"他的政治本能再一次被证明是正确的。

布兰斯塔德得到了共和党美国参议员查尔斯·格拉斯利的高度认可。在艾奥瓦州西北部对所有的县进行年度巡视的时候，格拉斯利对布兰斯塔德表示支持。

"格兰迪代表一直是优秀的国会议员，我不怀疑他能成为一个好州长，"格拉斯利说道，"我通常不太会参与这样的初选。但是由于几个原因，我选择支持布兰斯塔德。（布兰斯塔德）自当选以来就面对着一个民主党立法委。他在 1983 年和 1988 年进行抗旱，1993 年应对洪灾，1985—1986 年则是应对农业灾害。（艾奥瓦州）经济一直很糟糕。考虑到他所面临的情况，我认为他做得很好。布兰斯塔德作为州长是卓越的领导人，现在我认为我们不应该改换艾奥瓦州的领导。"

在同一届议会期间，格拉斯利也扮演了预言家的角色，他预测初选结果是布兰斯塔德以 52% 对 48% 获得胜利。[138]

1994 年 6 月 7 日，一切已成定局。选民创造了 46 年来艾奥瓦州初选最大的投票率纪录。截止到那天晚上 10 点，根据 25% 的选区投票结果，布兰斯塔德和格兰迪得票各 50%，处于平局。"这将是一个漫长的夜晚，"格兰迪的竞选工作人员在得梅因堡酒店说道。最后的统计结果表明，总共有 311277 名选民参加了共和党初选投票，布兰斯塔德州长以 161228 票获胜，而格兰迪获得 149809 票。格拉斯利参议员预测布兰斯塔德会以 52% ：48% 胜出，事实证明这一预测是"精确的"。

德雷克大学公共管理学教授休·温布伦纳说："这个结果主要是基于个人性格和一些政治恩怨，而不是其他原因。"在败选演讲中格兰迪说："现在，我无法转过身去，围绕在胜利者的周围。"[139] 这个表述没有提供象征性的握手言和，使很多布兰斯塔德的支持者为之恼火，并且让气氛非常尴尬。

民主党的初选没有出现什么戏剧性的场面，因为邦妮·坎贝尔占据了主导优势，以 78% 对 19% 赢了比利·理查特。达罗德·鲍尔斯只得到了 2% 的选票。

初选刚一完，布兰斯塔德州长就开着温尼贝戈房车开始了他的"团结之旅"，力求使党派团结一致。布兰斯塔德邀请格兰迪加入，但遭到该国会议员的拒绝。邦妮·坎贝尔立即寻求格兰迪的支持，但他也没有加入。

20年后，那场共和党初选的痛苦依然让人记忆犹新。"我认为这个竞选对于州长而言是非常困难的，"2014年大卫·费舍尔说，"有一些他认为与他亲近的人跳上了格兰迪的车队，这伤害了他。确实如此。但他并没有怨恨任何人。

"选举那晚我在露台山。大概9点的时候早期结果出来了，格兰迪在前，我以为这可能是艰难的一夜。但是随着农村的投票结果出来，州长又领先了。

"我不敢肯定，但我觉得格兰迪从未对他说过一句话，甚至到今天都没有，"费舍尔说道。[140] 事实确实如此。

"有一次，格兰迪的妻子走到特里面前，对他说，'放弃对弗雷德来说太难了，'"莱尔·辛普森说道，"实际上在我们看来，情况恰恰相反。"[141] 但是，格兰迪对特里·布兰斯塔德的了解，与其他被他打败的对手所发现的一样，他是个强大的竞争对手，这可能是从他母亲那里继承的特点。

"我曾在4-H俱乐部和他一起打棒球，"莱利·刘易斯说道。他是个农场主兼商人，在学校比布兰斯塔德低一级，现在仍然住在弗瑞斯特市。"丽塔嗓门很大，就坐在本垒板的后面。只要她跟在裁判后面，那就表示'看啊，丽塔要战斗啦！'当裁判的指令不利于她的某个孩子时，全场都能听到丽塔的声音。她会让裁判知道她的想法。她人很好，但也确实很好胜。你绝不能和他的孩子们瞎闹，"他笑着说道。[142]

民主党人认为共和党艰难的初选斗争将对他们有利。"他们（艾奥瓦州共和党人）已经走得太右，这使得民主党人看起来像中间派。这恰恰是我们需要的位置，"艾奥瓦州民主党主席埃里克·塔博尔说道。[143]

两名候选人于 1994 年 10 月 5 日在得梅因进行辩论，宣扬各自的农业根基以吸引群众。辩论的亮点是坎贝尔公布了一项总共 2.3 亿美元的减税新提案。她的计划是废除百分之一的增加税，该税把销售税提高到了百分之五，她认为节省下来的钱将有助于所有纳税人，而不仅仅是富人。

为了驳斥她，布兰斯塔德表示她的计划有他的部分功劳，因为是他先提议减税的："我很高兴听到我的对手现在承认我们可以减税。这是不容易的。"

布兰斯塔德的税收减免计划是减少收入所得税，创造新的就业机会。他指出，州销售税仍低于全国平均水平，而所得税则是全国第 11 位，这会促使退休人员离开本州。布兰斯塔德用他精湛的辩论技巧指责坎贝尔在竞选中这么晚才拿出新计划："直到今天晚上，她都在说：'不，我不承诺减税。'"

坎贝尔提议创建或重新制定政府计划，其中包括成立新的科学咨询委员会为尖端技术服务，她还谈及恢复艾奥瓦州犯罪委员会。其他议题包括经济，布兰斯塔德强调，他成功地将艾奥瓦州的产品出口到国外，还在全州创造了 30 万个就业机会。布兰斯塔德支持在特定情况下恢复死刑，而坎贝尔反对死刑，这也成了争论的一大问题。

辩论结束后，布兰斯塔德利用了坎贝尔在辩论中公布的刚打造的减税计划，形成了新的保险杠贴纸口号——"不要赌坎贝尔"。

布兰斯塔德州长保持他前一届选举时的候选人不变，乔伊·康宁仍是他的竞选伙伴。6 月 13 日，坎贝尔宣布了她的副州长伙伴。可能的人选包括艾奥瓦州参议院主席、戴维斯市的莱奥纳多·博斯威尔，芒特普莱森特的州议员汤姆·维尔萨克，萨比拉的州代表瑞克·迪金森，鲍德温的州民主党主席艾瑞克·泰伯和库恩拉皮兹的约翰·克里斯托尔。她的最后选择是博斯威尔。

大选于 1994 年 11 月 7 日举行，共计投了 997248 张选票。布兰斯塔德取得了压倒性胜利，获得 566395 票，占 56.8%，而坎贝尔得到 414453 票，占 41.6%。他还赢得了 99 个县中的 94 个县，包括一直在民主党阵营的波尔克县。15% 的领先率令人印象深刻，这也标志着现任州长的第四届任期的开始。

坎贝尔在面对大约 200 名支持者的败选演讲中说道："当你们在轨道上时，火车就要开过来了，亲人们，你们将要遭到碾轧。为无声者发出声音一直是我所憧憬的。我会以其他方式作出贡献，但我永远不会停止为最需要的人谋取利益。"[144]

700 名布兰斯塔德的支持者再次挤满了得梅因万豪酒店进行

庆祝。在胜选演讲中，布兰斯塔德就所取得的巨大胜利向忠实的选民表示了衷心的感谢。

"今天晚上我们得到了支持和坚定的信任票，这让我感到受宠若惊。我们成功战胜了困难，战胜了反对现任州长的大潮，战胜了权威，战胜了我们所见过的最激烈的竞争。作为州长，我感到非常荣幸和自豪，能有这个独一无二的机会来任第四届也是最后一届。"[145]

艾奥瓦州现在已准备好在州长办公室创造历史。尽管当晚人群中几乎没有人意识到这一点（包括州长本人、他的家人和他最亲密的顾问）——"最后"这个词没有板上钉钉。

"艾奥瓦州民主党的当权者一直对布兰斯塔德感到很困惑，"在 2014 年 1 月 9 日的《城市景观》的封面报道《无法战胜的州长》中，詹姆斯·斯特勒曼写道，"最初想竞选打败他，然后又愤怒于他的连任，再然后就是对他如何能继续留在那个位置那么多年而感到困惑。"[146]

斯特勒曼随后所表达的观点总结了使这位莱兰人取得巨大成功的主要因素："控制党派的活动家们一直低估了布兰斯塔德的政治敏锐性，在过去 40 年中，他们没能明白他对艾奥瓦州选民有什么吸引力。他们提名了错误的候选人与之竞争，从而促成了布兰斯塔德的成功，他们开展的竞选活动不受艾奥瓦人欢迎，攻击州长的言论在选民中总是不能产生共鸣。"[147]

虽然上述的一切似乎都是事实，但其他因素在布兰斯塔德的成功故事中也起着同样重要的作用。他最亲密的顾问对这些都再清楚不过。首先是他爱竞争的天性，这一点继承自他母亲。然后，他拥有强大的组织能力，以及学习和倾听别人的能力。最后，他总是充满激情，想做他认为对艾奥瓦州最有利的事情，非常关心州民所作出的反应，这一点是无人能比的。

"人们发给他的所有信息他都会去读，他会花费大量时间和精力来研究形势，"莱尔·辛普森说道，"他所作的每一个决定都是经过深思熟虑的，并且也真正把州的利益牢记于心。他真的是无私地作出决定。"[148]

"他就是这么有激情，我从未见过像他这么有激情的人，"他的夫人克莉丝说。[149]

布兰斯塔德在全国的声誉越来越好，他不仅因为强有力的竞选表现受到认可，而且被看作一位既有良好的组织能力又能做好事情的政治家。1996年8月，他作为全国资深州长，被邀请到圣迭戈的共和党全国代表大会上发言。

"一个州接一个州，新一代共和党州长正在重塑未来，并关注发展和机遇，"他说道，"30年的大政府和联邦解决方案没有奏效。现在，保守的共和党州长正在改变政府的心态，重新唤醒美国的联邦制，把权力归还给州。"他指出，他刚当选时只有16位共和党长，现在有32名。[150]

1996年11月17日，是布兰斯塔德的50岁生日，他从政治世界中抽出身来，以非常怀旧的方式庆祝——在科利尔湖的瑟夫舞厅举行了 20 世纪 50 年代风格的晚宴。这个历史悠久的舞厅曾一夜成为音乐传奇，但也是在同一个夜晚，音乐消逝而去。1959 年 2 月 3 日，巴迪·霍利、大博普和里奇·瓦伦斯在那里表演过，然后当晚他们就在舞厅西边的飞机失事中遇难。

"今年是艾奥瓦州成立 150 周年，我得承认我快 50 岁了，"他告诉《梅森市环球观察报》的米歇尔·阿普尔盖特，"作为在 50 年代长大的孩子，我曾经来过瑟夫舞厅，对于它有很多美好的回忆。"[151]

虽然大多数内部人士认为布兰斯塔德不会竞选第五届，但仍然有很多人猜测他可能会那样去做。1996 年 10 月 29 日，《得梅因纪事报》上刊出了很有才华的布莱恩·达菲最棒的社论漫画之一，上面画着一位睁大双眼、面带恐惧的州长正躲在办公桌下，而克莉丝·布兰斯塔德则站在对面，双手叉腰大喊："第五届？他在哪里？他在哪里？"

几个月后的事情更加有意思。大卫·叶普森写道，布兰斯塔德宣布不会再次参选，他建议参议员查克·格拉斯利考虑接替他的位置。早些时候，参议员汤姆·哈金曾经暗示过他可能会竞选州长。

"我认为格拉斯利参议员应该是我们的候选人，"布兰斯塔德说道，"我认为格拉斯利的履历跟艾奥瓦州步调一致。他保守，我认为他可以击败汤姆·哈金，我认为他代表我所相信的价值观，我鼓励格拉斯利参议员参选州长。"

"……布兰斯塔德说他会喜欢与哈金的比赛，但那不会发生。'我爱竞争的那一面会说，是的；但我务实的那一面会说，听着，我已经对妻子和家人作出了承诺，从财务角度来看，是时候去做别的事情了。'"[152]

格拉斯利和哈金都没有被诱惑，而是继续担任美国参议员。哈金在 2014 年底退休，格莱斯利到 2015 年仍然在第六届任期。

1997 年，布兰斯塔德继续参与国家活动。他主持著名的共和党州长协会、州长乙醇联盟和国家教育委员会。1998 年，布兰斯塔德再次强调了对教育的奉献精神，提出了一个成本最终达到史无前例高度的大计划。

"州长希望把教育作为立法委的重点，他提出了一整套改革措施，包括增加教师薪酬，加强学前教育，以及建设全天无假日幼儿园，"美联社报道说，"州长的预算计划中包括 1920 万美元用于资助第一年方案。每年的费用最终将超过 1 亿美元。"[153]

几个月后，他甚至取消了去俄罗斯参加友好州的十年庆祝活动。他选择留在得梅因，因为他认为教育法案的通过更为重要，他试图说服立法者们需要开特别会议进行商议。

"这是我们州面临的最重要的问题，"他说，"我相信可以做到这一点。我们不能接受平庸。我们必须把目标定为最好。"[154]

尽管他说他不希望这些提案一个个逐步地通过，但事实的确如此。

在第四届任期的后期，经过 16 年的工作，布兰斯塔德希望他和克莉丝的生活方式能发生大的变化。他已经为艾奥瓦州付出了应有的一切，他觉得现在是换挡的时候了。他们在财政方面作出了巨大的牺牲，也都很关心他们的未来，因为担任州长的财政收益并不像其他职位那样多。1995 年州长的薪金仅为每年 76700 美元，比大约 1600 名州公务员的工资还要低。相比之下，艾奥瓦医院大学院长的收入为 290700 美元，许多其他高级职位的收入也高达 200000 美元。艾奥瓦州足球教练海登·弗莱的薪水为 230505 美元，艾奥瓦州彩票部理事长爱德华·斯坦内克为 91359 美元。

"甚至是布兰斯塔德曾经任命的州机构负责人也比州长和其他当选官员多挣几千美元，"乔纳森·罗茨在 1995 年 3 月 5 日的《得梅因纪事报》上写道，"以前并不总是这样。17 年前只有 27 名州雇员比州长挣的钱多。从那时起，其他人的薪资增长速度比州长的快……

"对那些收入低的人来说，州长的薪水无疑看起来很有吸引力，特别是还有住州长官邸的附加福利。但是州政府现在将可观的薪水支付给了大学管理者、高级教练、医生和顶尖教授。"[155]

艾奥瓦州参议院的民主党领导人杰克·吉比负责州的预算，他告诉罗茨："这么多数量的公务员挣得比州长多是很奇怪的。如果有运营像州政府那么大的公司的总裁，他的工资可能得在州长工资数后面多加两三个零了。"[156]

在任职期间，布兰斯塔德的经济成就无疑证明了他作出的健全财政政策的承诺。艾奥瓦州的失业率在他入职时是 8.5%，而

1999 年他离任时为 2.5%，创最低纪录。在担任州长的第一年，州预算出现了 9000 万美元的赤字。他花了几年时间使预算平衡，因为他认为在 1992 年以前，他在立法委没有足够的支持能批准预算改革。

当他决定不再参选时，这为两党新候选人敞开了大门。副州长康宁投入其中，但很快退出了。担任过六届美国国会议员的吉姆·罗斯·莱弗成为共和党竞选州长的希望，他是苏城人，在法拉格古特附近的农场长大。一开始，他似乎是继续保持共和党霸主地位的好选择。但是，芒特普莱斯特市前市长、州参议员汤姆·维尔萨克克服了重重困难，在 1998 年选举中险胜莱特弗，成为 20 世纪第五位民主党人州长。

1999 年 1 月 17 日，布兰斯塔德对艾奥瓦州立法委发表了《州的情况》的最后讲话。"过去 16 年是我一生中最美好的岁月，"他说，"谢谢你们给我这个来自温尼贝戈县的农场男孩担任州长的荣誉。"他还感谢"所有这些年里忍受着我的胡子、我的不善言辞，以及我对艾奥瓦州的热诚的人们"。发言之后，大家起立鼓掌，立法委员通过了"非凡决议"，表彰其这些年对艾奥瓦州的贡献。[157]

维尔萨克在 2002 年再次击败道格·格罗斯，后者是律师，曾经担任罗伯特·雷的助理和布兰斯塔德的高级顾问。2006 年，艾奥瓦州第 40 任州长维尔萨克在任职两届后，参选民主党总统候选人提名失败，后来成为贝拉克·奥巴马总统的农业部长。前任州务卿切特·卡尔弗接替维尔萨克担任州长。卡尔弗在华盛顿特区出生并长大（父亲是来自锡达拉皮兹的美国参议员），他从弗吉尼亚理工学院毕业后返回艾奥瓦州，从德雷克大学获得教育学硕士学位，并开始了教学生涯。从政之前，他先在罗斯福高中，然后又在胡佛高中教授政府和历史。

卡尔弗为艾奥瓦州民主党做了大量实地考察工作，之后，他在1998年竞选并担任州务卿。他当时36岁，成为全国获得该职位的最年轻的人。四年后卡尔弗获得连任，然后决定在维尔萨克离职竞选总统时竞选他的位置。

卡尔弗战胜了吉姆·努塞尔，赢得2006年州长选举，后者是得梅因人，担任了六届国会议员。卡尔弗以53∶44成为该州第41任州长，使民主党继续掌控州长办公室。自20世纪60年代中期以来，他们也是第一次控制两个立法机构。当时没有人知道，卡尔弗的胜利也为艾奥瓦州偶像的回归搭好了舞台。

在莱兰农场居住时，丽塔和爱德华抱着儿子特里·布兰斯塔德。

特里·布兰斯塔德（右）和弟弟蒙罗在镜头前露齿而笑。

144

蒙罗，又称作蒙蒂，与特里一起
展示他们的新毛背心。

在教堂的一次特别集会上，布兰斯塔德家展现了典型的美国家庭形象。

1965 年，特里·布兰斯塔德在弗瑞斯特中学读高中时的照片。照片上的特里目光坚定，他即将开始走上从艾奥瓦大学到德雷克法学院，再到艾奥瓦州州长的人生旅程。

1969 年 9 月 17 日，特里参军（左图），并被派到北卡罗来纳州的布拉格堡成为宪兵（右图）。

1972 年 6 月 17 日，特里与克莉丝在婚礼上。

特里·布兰斯塔德与前州长罗伯特·D·雷

1982 年，副州长特里·布兰斯塔德在竞选州长期间对筹款群众讲话。

副州长特里·布兰斯塔德和年轻的妻子出席一次官方活动时的照片。

1982 年，丽塔·布兰斯塔德与儿子一同参加在艾奥瓦州米尔斯湖举行的一场晚会。丽塔看起来很为儿子感到自豪。

在他们的儿子当州长期间，丽塔和爱德华尽可能多地出席一些官方活动。

卢拉·赛维克老师使布兰斯塔德州长开始对历史感兴趣。这张照片摄于在艾奥瓦州伯特举行的卢拉 90 岁生日聚会上。

州长会见他的两位最大支持者——理查德和克拉拉·约翰逊，他们也是他的岳父母。

在露台山早期，布兰斯塔德的家庭成员包括：特里和克莉丝、两个儿子埃里克和马库斯，还有女儿艾莉森。

在露台山过圣诞节对于整个家庭和许多艾奥瓦人来说都是一件大事，因为艾奥瓦人过节期间有机会参观州长官邸。

1984 年 2 月 18 日，曾做过得梅因电台广播员的美国第 40 任总统罗纳德·里根来到滑铁卢参加共和党党团会议，州长特里·布兰斯塔德到机场迎接。

1984 年 2 月 18 日，里根总统访问艾奥瓦州，这也成了布兰斯塔德州长职业生涯的一个亮点。上图为里根总统和年幼的艾莉森握手，州长和第一夫人在一旁观看；下图为总统与布兰斯塔德一家合影。

大卫·费舍尔在 1982 年竞选中担任布
兰斯塔德州长的竞选顾问，给他提了
很多重要建议。

一些县财务主管和立法委员聚集在州长办公室见证布兰斯塔德签署重要的驾驶执照法。

副州长乔伊·康宁在艾奥瓦州历史上占有特殊位置，她成了第一个来自同一政党的州长竞选团队的一员。这次选举发生在 1990 年。

在 1991 年的就职舞会上，布兰斯塔德的家人占据了特殊位置。参加庆典的有爱德华（右二）和他的兄弟姐妹（左起）休伯特、海琳和卡尔。

布兰斯塔德州长一直是老兵及其活动的大力支持者。图中，他与一群老兵参观老兵纪念碑。

意识到管理州政府的工作压力大，特里·布兰斯塔德非常重视体育锻炼。他经常与朋友梅尔·斯特劳布在沃特沃克斯公园进行快走锻炼。

1999 年 1 月，任职最后一天，布兰斯塔德州长与部门主管举行告别仪式。

州长最喜欢参与的活动之一是到州各地的热门景点做志愿者，比如到威尔顿糖果厨房。这个店在本地非常有名，已经经营了 100 多年了，店主是塞尔玛和她已故的丈夫古斯·纳普鲁斯。

横贯艾奥瓦州的自行车年赛（RAGBRAI）在艾奥瓦州已经成为一种时尚，每年吸引成千上万的自行车手参与。在州长任职早期，他与儿子埃里克也加入到自行车手的行列中去。

杰拉德·韦纳（右）和一名嘉宾（左）陪同布兰斯塔德州长赴俄罗斯，开启重要的经济发展之旅。

2004 年，新上任的得梅因大学第 14 任校长、前州长布兰斯塔德对所有教职员工和家人发表就职演讲。得梅因大学当时正举行建校 106 周年庆典。他在这所著名大学担任校长达六年半的时间，后辞职再一次竞选州长。

2004 年，布兰斯塔德一家参加了第一届格兰顿奖学金庆祝晚宴。布兰斯塔德校长帮助设立该奖学金，以纪念卢瑟·格兰顿法官及其妻子威莉，奖励那些杰出并且不拘一格的学生。

州长与克莉丝得到罗恩·迈耶的巨大支持。他在加利福尼亚州从事教育很多年，每当艾奥瓦州有重要活动，他都会优先来参加。

2010年11月2日，布兰斯塔德州长与金·雷诺兹赢得选举胜利。那天晚上，艾奥瓦州任职时间最长的州长强势回归。

比尔·克纳普与布兰斯塔德州长和金·雷诺兹副州长合影。克纳普是艾奥瓦州最有影响力的房地产开发商之一，同时也是一个幕后政治家。多年来他一直支持民主党，但是在 2014 年选举时，他转而支持共和党。

在得梅因的一场本地活动中，理查德·派茨主教和布兰斯塔德州长出席活动的瞬间。

最著名的艾奥瓦人中的两位（布兰斯塔德州长和前艾奥瓦州摔跤教练丹·盖博）是2013年在得梅因举行的"品德成就大奖"颁奖宴会上的关键人物。盖博（中）是那一年的得奖人。在场的还有（从左开始）吉姆·阿波斯巴茨、海威公司总裁兰迪·爱德肯、"品德成就大奖"的主席斯科特·雷克。

前总统罗纳德·里根的儿子迈克尔·里根在艾奥瓦州共和党年会上做特约演讲嘉宾。会后，这位前脱口秀主持人与艾奥瓦州州长合影。

162

2014 年 12 月，在艾奥瓦州历史大厦举行了一场联欢晚会，传奇歌手西蒙·埃斯特斯是特邀嘉宾。参加联欢晚会的有（从左开始）：比莉和雷前州长、西蒙·埃斯特、布兰斯塔德州长、金·雷诺兹副州长以及艾奥瓦州文化事务处主任玛丽·科恩。

1997 年 7 月 5 日，州长与克莉丝庆祝结婚 25 周年纪念日。一个好朋友带他去钓三文鱼，他抓住了这条巨大的三文鱼，花了好几个小时才钓上来。幸运的是，他们找人把它包装好了，并带回了家。

艾奥瓦州正式代表团全体成员庆祝诺曼·博洛格的雕像入驻美国国会大厦雕像厅，以纪念他100周年诞辰。（从左到右）国会议员罗博塞克、前国会议员布雷利、国会议员金、前国会议员莱瑟姆、参议员格拉斯利、参议员哈金、国会议员博纳、国会议员佩洛西、布兰斯塔德州长、雷诺兹副州长、农业部长维尔萨克、大使奎因。

布兰斯塔德州长参加小马快递集团的骑马活动。每年他都选择参加恩光营的骑马活动。

在州展览会上，州长接受马克·皮尔逊的采访。他们津津有味地进行着"农场谈话"。

州长参加纪念马克·皮尔逊的"每日"拖拉机驾驶活动。位于得梅因的世界卫生组织电台的"农场秀"节目中，每天都能收听到皮尔逊的声音。

特里·E·布兰斯塔德注定要成为美国历史上任职时间最长的州长。

布兰斯塔德州长从艾奥瓦大学毕业后不久就入伍，他一直对自己服兵役的日子感到自豪。在这张摄于 2014 年的照片上，他在展示自己在北卡罗来纳州的布拉格堡当宪兵时的带框相片。

09

风生水起的大学校长

1999 年 1 月 15 日，布兰斯塔德卸任州长。之后他涉足过不少工作领域，以期找到最适合自己的位置。很快，他就开始做起了私营生意，成立了布兰斯塔德联营公司，并且与考夫曼、帕特、米勒等合伙人一起开办了公司。他做过一些咨询工作，甚至在艾奥瓦大学教一门公共管理课程，往来穿梭于艾奥瓦市的帕帕约恩工商管理大厦和工商管理学院的牛顿校区。

"我们很高兴布兰斯塔德州长要来艾奥瓦大学任教，"艾奥瓦大学校长玛丽·苏·科尔曼说道，"作为一个受到全国认可的州政府领导人，他会为我们的学生带来一笔巨大的经验财富，在课堂上与同学们一对一地分享他的知识。"[158]

1999 年 3 月，共和党宣布由布兰斯塔德领导拉马·亚历山大的共和党总统候选人提名竞选。这位田纳西州的前任州长说，他在 1996 年艾奥瓦州党团会议中最终排位第三，这次他会尽力提高这一排名，方法是加入两个有利因素——对教育的侧重和前州长的高满意度。

布兰斯塔德也想涉足财务规划领域，并且通过了"系列 7"证券从业执照考试。他在位于西得梅因的罗伯特·W·贝尔德公司做了三年财务顾问。乔治·W·布什总统任命他为"总统特殊教育卓越委员会"主席，该委员会旨在促进残疾学生的各项表现。与此同时，他还忙着服务于另外几个委员会和董事会。但是，在2003年8月，他当选了得梅因大学的校长，这使得一切都转向了更高层次的竞技场。

得梅因市区有几所提供高等教育的学府（德雷克大学、景轩大学、美国商业学院），而得梅因大学和摩西健康学院能授予医学和健康相关领域的研究生学位。辛普森大学、上艾奥瓦大学和威廉·宾大学在那里都有教室设施。得梅因地区社区学院在全州有六个校区，分布在得梅因、西得梅因和安克尼等地。

尽管得梅因大学在艾奥瓦州都不算很出名，但在医学领域却拥有悠久而又杰出的纪录。它是这个国家第二古老的骨科医学院，创建于1898年。目前它也是美国第15大医学院，2014年招收1662名学生，拥有40名教员。该大学最早称作S·S·斯蒂尔医生骨病和手术医院，是以创始人萨默菲尔德·桑德斯·斯蒂尔及其来自密苏里州的夫人艾拉·斯蒂尔医生的名字命名的。1905年，校名简化成斯蒂尔学院。而在20世纪40年代，它又叫做得梅因斯蒂尔骨病和手术学院。随后它又几经更名，直到1999年才确定了现在这个名字。

该校占地22英亩，前身是位于3200大道的圣约瑟夫学院，它为学生提供了一个非常有吸引力和现代化的校园。1980年，受托人董事会投票设立儿科医学院和生物科学学院（现为健康科学学院），进一步扩大了其根基。那时，尽管该校在医学界享有盛名，但是在艾奥瓦州却依旧籍籍无名。在校长小理查德·瑞恩博士 2002 年退休之际，董事会想找一位更有经验的领导者来提高大学的地位及知名度。

尽管布兰斯塔德曾服务于董事会，也曾当过该州州长，但这个职位也并不是非他莫属。跟其他候选人一样，他必须经过广泛的面试程序。"事实上，他几乎与这个工作失之交臂，"道格·格罗斯如是说，"我们几个人都竭尽所能地帮他获得这一职位，尽管如此，他最后也只得到了一张赞成票。很显然，董事会中的某些成员觉得他跟教授和医生们压根扯不上关系。"[159]

但是就像许多政治"专家"一样，他们低估了布兰斯塔德的决心，也低估了他天生的魅力与亲和力。2003 年 8 月 15 日，他成了这个备受尊崇的医科大学的第 14 任校长。如同当年就任州长一般，他带着同样的精力与热情立刻投入到工作中去，致力于打响大学的知名度并提高其声望。他还为学生开展了一个外联项目。

"每月一次，学生会报名与我共进午餐，而我会问他们对得梅因大学喜欢什么，不喜欢什么，"布兰斯塔德在 2014 年这样讲道，"我非常享受这样的讨论，这对我帮助很大。"[160]

有学生建议把所有的教室都联网。"我们就这么做了，这使我赢得了学生的心，"布兰斯塔德说。他也努力扩大招生，并且成功做到了。在他的领导下，捐赠基金从 5000 美元增长到 8900 万美元，于是他又开始改善设施。他在任期间，得梅因大学新建了一个健康中心，而他现在也依然在使用它，因为他住在露台山，就在校园东面，只隔了九个街区。

从个人角度来说，州长的孩子们都是在露台山长大的，搬出去绝非易事。艾莉森和埃里克都上大学了，马库斯也将近 15 岁，他在莱兰农场待了两年后依然住在家里。在露台山住了 16 年之后，布兰斯塔德家在得梅因南部买了一座房子，但是他们仍然在寻找理想的家园。

"我们一直都想拥有一座木制房子，而且在之后的三年里，我们也作了很多调研，"克莉丝·布兰斯塔德说，"我都说不清开了多远的路，就为寻找一个合适的地方。一天，特里的理发师汤普森安排我们去看了距离得梅因大概 40 英里远的一个地方。我们一下子就爱上了这个地方。"[161]

布兰斯塔德家买的木制房子位于布恩县，占地 17 英亩，他们在那里住了 9 年。原本看起来他们是要长久居住下去了，但是事实却并非如此。在维尔萨克 8 年的任期当中，艾奥瓦州的财政状况良好，但是在卡尔弗的任期内，艾奥瓦州却陷入了巨大的金融债务。而且，有人批评卡尔弗管理方式粗暴，而整个艾奥瓦州的人都有不满的情绪。在那些忍无可忍想做点事情的人当中，就有特里·布兰斯塔德。他开始思考是否有可能再次竞选州长……这个决定会戏剧性地改变他的生活，会震惊他的朋友，会迫使他与妻子对峙，还会将他载入美国纪录史册中。

10

"贴心州长"强势回归

（2010和2014年竞选）

　　"1999 年 1 月卸任州长后，特里·布兰斯塔德找到一份适合自己的工作，做得梅因大学的校长，"克雷格·罗宾逊在《艾奥瓦州共和党》杂志 2010 年 6 月 26 日那期的文章中这样写道，"这个角色非常适合他，学校在他的领导下也办得风生水起。"[162]

　　罗宾逊这两点说得都对。但是，布兰斯塔德的生活还是缺少了什么。也许是少了竞争带来的激动，而这可是他整个人生赖以成长的动力，又或许是对他深爱的艾奥瓦州即将面临的财政灾难的担忧，让他想恢复其昔日的繁荣。

　　2010 年 1 月 19 日，星期二，特里·布兰斯塔德在阔别 11 年后宣布再次竞选州长。伴随着热烈的掌声，布兰斯塔德在州历史协会大厦作开幕致辞，他的开场白是这样的："今天，我想以一个简单的问题开始—— 我要回来了，你们准备好了吗？"当然，观众的态度是完全支持的，但是，对于与布兰斯塔德家关系亲近的人来说，这可绝不是一个轻而易举的决定。克莉丝并没有喜出望外。"这个决定是艰难的，非常艰难，"她开诚布公地说道，"我曾为此大喊大叫。我本以为他已经干了 16 年州长，应该干够了。但是再三考虑后，我觉得不应该妨碍他。这对于他意义重大。"[163]

当布兰斯塔德告诉他的几个好友他有可能再次竞选州长时，他们都坦言出乎意料。

"当他第一次竞选上州长时，我一点也不吃惊，"2014年，理查德·施瓦姆在他位于米尔斯湖的法律事务所中这样讲道，"但我必须承认，当他说要回来时，我感到很吃惊。他在得梅因大学干得很出色……薪资丰厚、有安全保障、享受退休待遇，还有各项收益，对他来说似乎是个很棒的境遇。"[164]

施瓦姆曾做过艾奥瓦州共和党主席，2009年，他所在的委员会也在到处寻找能与卡尔弗抗衡的候选人。

"我们不缺有能力的人，但是他们不愿意投入进来，作必要的牺牲。特里也在帮我们寻找一个好的候选人，"施瓦姆说，"一天他说，'这听起来似乎不大可能，但是，你们觉得我怎么样？'

"许多跟他关系好的人都劝他不要参与竞选。我们说，'你已经做过了，也做够了。你不需要再做了。'"[165]

道格·格罗斯曾在1984—1989年担任布兰斯塔德的高级顾问，他与施瓦姆立场一致，也想尽力说服他的昔日老板和老朋友不要回来。格罗斯自己也曾在2002年竞选过州长，但是以8个百分点的劣势败给时任州长汤姆·维尔萨克。他完全明白一旦特里·布兰斯塔德决定重夺权力宝座，等待他的是怎样的挑战与牺牲。

"我当时在艾奥瓦州第一委员会，我们组成这个委员会就是为了找人参加2010年的州长竞选，"坐在位于得梅因市中心的瑞安大厦的布朗—温尼克律师事务所的办公室中，格罗斯娓娓道来，

"特里也在这个委员会。我们分析了有望成为州长的人的条件。"

"一天他打电话给我说，'我们没希望找到那个人了……我们一直在找一个像我的人。那么，我想再次竞选。你觉得怎么样？'"[166]

格罗斯觉得这是一个错误，也如实告诉了他，理由与克莉丝、施瓦姆还有其他人说的都基本一样——他已经做过州长了，该为自己的未来财务作一下打算。但是特里坚持要参加竞选，并且说他有机会让艾奥瓦州恢复昔日共和党人治下的经济繁荣。1999 年他卸任时，艾奥瓦州有 9 亿美元盈余。而 2010 年，它却面临预计 9 亿美元的赤字。

"直到那年的 5 月，特里的名字才进入州长竞选的讨论中，"克雷格·罗宾逊报道说，"那时有些候选人已经参选 4 个多月了，有潜力的候选人数激增至 7 位。但是，当布兰斯塔德回归的消息持续几个月占据各个报纸的政治版块时，这个数字又开始锐减。"[167]

来自至亲好友的阻力并没有让特里气馁。他已下定决心离开这个安稳又收入可观的工作，尽管这份工作挣的薪水是当州长的两倍。一旦得到了妻子的祝福，他所真正热爱的工作向他敞开了大门。2009 年 10 月 16 日，他正式宣布辞去得梅因大学校长这个他成功干了六年的职位，再次竞选州长。

紧接着这个历史性的宣言之后，有人举荐杰夫·波伊恩科领导这次竞选。波伊恩科是这个工作的理想人选。他毕业于艾奥瓦州立大学佩拉中央学院，获公共管理硕士学位，曾担任过艾奥瓦州共和党的执行主任，他的管理才能广受敬佩。

"1980年的时候，我还差三个星期才够年龄为罗纳德·里根投票，"2014年，波伊恩科在位于得梅因的LS2集团的办公室回忆道，"而在1982年，特里·布兰斯塔德是我平生第一次为之投票的人。在上世纪90年代，我作为一名说客也曾和他共事过。因此，2010年我就来为他工作了。

"实际上，这还是特里第一次全职参与竞选。前几次的竞选，他还有全职工作，而这次他已经从得梅因大学退休了；对他来说这也是全新的体验。你可能听说过特里·布兰斯塔德的工作精神，但是要不是亲眼见他工作，你很难相信。他总在接打电话，天天如此，一直在工作，工作。

"我们开设了一个窗口，两个月筹到了150万美元。州长会帮我们一起拆信封，每看到捐款数额比较大的一张小小支票，他也会和我们一样激动。对于每个人来说，这都是特别美好的体验。"[168]

布兰斯塔德的"艾奥瓦州回归之旅"始于得梅因市，并继续在17个城市巡回开展，历时4天。这个前任州长宣称让"我们本就拥有的伟大"回归艾奥瓦州。他大力宣讲自己任州长16年的成功经验，用始终如一的蓝图来分享对未来的展望。"我们要怎样去做呢？"布兰斯塔德问，"用我们一直以来所坚持的方式，确立宏伟的目标，不懈奋斗，直至成功。"

布兰斯塔德主张平衡预算和恢复财政纪律，这是他再任州长后的首要任务。"只要我们实现了这一点，其他的梦想和目标就都可能实现，"他说。然而，要赢回州长的职位，布兰斯塔德首先就要击败其他两位挑战者，才能得到共和党的提名。

鲍勃·范德·普拉茨出生并成长于谢尔顿。高中毕业后，他就读于橙城西北学院，获教育学学士学位，最后又在德雷克大学获得硕士学位。他曾在博恩和杰斐逊教书，然后成为马库斯—梅里登—克莱格霍恩高中和谢尔顿高中的校长。最后，他同时跻身商界和政界。2002 年，范德·普拉茨住在苏城，在共和党州长提名竞选中败给道格·格罗斯。

2006 年，范德·普拉茨再次竞选同一职位，却中途退出，成了吉姆·努塞尔的副州长人选。范德·普拉茨是一个坚定的社会保守主义者，他的根基为福音教保守派。随后前，阿肯色州州长、总统候选人迈克·哈克拜，艾奥瓦家庭政策中心及爱家协会的创始人詹姆斯·多布森等都加入支持他的行列。

另一个共和党提名的竞争者是来自卡罗尔的艾奥瓦州代表罗德·罗伯茨。他出生于韦弗利，毕业于 NESCO 社区高中，在位于得梅因的艾奥瓦基督教学院获得学士学位。在竞选初期，罗伯茨重在宣传他在州议会的十年工作经验，以及他总能"置身事外"，不会攻击他的竞争对手。

布兰斯塔德在竞选初期的活动主要有两个方面。首先，他要表明对未来的展望，而呈现他过去的成功对此有部分帮助。没有哪个候选人能像布兰斯塔德那样充分地证明他们的立场，因为他有那么长纪录的政绩。第二，他从未把视线从大选中移开，不断地指出卡尔弗政府的差距与不足。

"布兰斯塔德的竞选方法始终如一，而这已经带给他 11 次连胜的战绩，"克雷格·罗宾逊写道，"他是反对堕胎的，而且支持修改州宪法来界定传统婚姻。但是，布兰斯塔德一直谨慎行事，在竞选活动中不就这些问题进行宣传。尽管在大部分竞选站点他总是被问到这些问题，也会就此发表意见，但他总是把竞选活动的焦点放在钱包和工作上。"[169]

这三位初选候选人展开了三场辩论，从中可以看出各自一贯的路数：布兰斯塔德侧重谈他对未来的展望、他的资历以及卡尔弗政府。范德·普拉茨用的策略与弗雷德·格兰迪在 1994 年州长初选时用的一样，坚持认为布拉斯塔德州长曾用"两本账"来掩盖赤字。跟以前一样，布兰斯塔德对此进行辩驳，指出这是参考了 1992 年的支出限额法，让艾奥瓦州使用标准化的更为普遍接受的会计准则。罗伯茨没有攻击其他两位候选人，但范德·普拉茨电光火石般的激辩令他相形失色。

2010 年 6 月 5 日，《得梅因纪事报》对艾奥瓦州的民意调查显示，布兰斯塔德以 57% 的支持率领先于范德·普拉茨的 29%，而罗伯茨的支持率为 8%。布兰斯塔德也以 70% 的支持率拥有绝对优势在大选中击败卡尔弗。根据民调结果，大多数再生基督教徒、茶会运动支持者、首次参与共和党初选的选民都支持布兰斯塔德提名为共和党州长候选人。

2010 年初选在 6 月 8 日举行，共计投了 229731 张选票来决定共和党候选人。当然，布兰斯塔德一举获得 111450 张选票，占 50%；范德·普拉茨也得到了 93058 张选票，占 40%；罗德·罗伯茨以 8% 的选票垫底。最终，共和党选民选择了更看重经济问题而不是社会热点问题的候选人。

"艾奥瓦州共和党人已经决定迎接一个回归的人，"布兰斯塔德在位于克莱夫的七旗活动中心举行的获胜演讲中说道，"我们团结起来就是为了一个原因，给艾奥瓦人一个和他们一样好的政府，一个花销少、收税少、干预少、欠债少的政府。这个政府会帮助创造更多就业机会，培养更多受到良好教育的艾奥瓦人，建设更多强大的家庭，让更多小企业在全州各地蓬勃发展起来。"

"而作为州长候选人，我向你们庄严地承诺，我会成为一个像你们一样好的州长——一样勤奋、节俭、诚实，一样坚守价值观。"

"对于那些还在努力发下一次工资的企业、那些四处找寻更好工作的工人、那些挣扎着求生存的社区、那些为孩子争取更好教育的家庭，我要说改变就要来了。

"对于那些想要一个开放、诚实、零丑闻的政府的艾奥瓦人来说，改变就要来了。

"对于那些想要一个和他们一样好的政府的艾奥瓦人来说，改变就要来了。

"我很自豪能领导这次改变。我们从前做过，我们也能再来一次。"

时任艾奥瓦州长卡尔弗在民主党初选时也毫无悬念，获得净票数 56293 张。初选一结束，大选就紧锣密鼓地展开了，这也显示了前州长和现任州长之间的鲜明差异。布兰斯塔德抨击卡尔弗的支出——尤其是卡尔弗的签名计划，即艾奥瓦州基础设施投资计划，或称作 I-JOBS 计划，根据州财务主管办公室的数据，该计划包括 12.65 亿的借贷。这与以前民主党州长候选人的计划类似，包括 1982 年的罗克森·康琳计划和 1986 年的洛厄尔·俊金斯计划，这些计划都将使艾奥瓦州陷入大量长期债务。布兰斯塔德指出 I-JOBS 计划的问题在于转移了本该用于"重建艾奥瓦基础设施基金"的钱，该基金控制着艾奥瓦州大楼和其他基础设施项目的建设。

"事实是，这些基金本可以用于州内很多好的项目，"他指控道，"相反，我们要偿还债务。我奉行现收现付的做事方式。"[170]

布兰斯塔德得意地指出，他成功地领导艾奥瓦人度过了农业危机，减少了巨额债务，而在他 1999 年离任的时候还留有 9 亿美元的储备。他还提醒选民，在他任期内，高失业率也大幅下降，而当前（2010 年）的失业率为 6.8%。

"如果你们看一下我的政绩，你们会发现我们不仅使艾奥瓦州更有竞争力，而且使艾奥瓦州从一个高税收的州变成了一个税收低于平均水平的州。我使艾奥瓦州的失业率从 8.5% 降到 2.5%。"[171]

2010 年 9 月 14 日，在苏城，在最初的三场辩论结尾，卡尔弗州长提出了诸如堕胎权及同性婚姻等社会热点问题。

"他反对妇女的权利。他反对民权。他反对独立司法机构，"卡尔弗说。听他说到这些时，前州长布兰斯塔德不禁笑出声来。

在辩论后的《得梅因纪事报》的采访中，布兰斯塔德回复说，"香草冰淇淋有多极端，我就有多极端。艾奥瓦州人都了解我。他们知道我是一个一般意义上的保守派。"[172] 民主党州长协会就在前一周发布了谅解备忘录，指出该组织的策略是把共和党人描绘为极端主义者。

对于副手的人选，布兰斯塔德在竞选活动中和初选辩论时提到，如果他获得提名，他会寻找一位跟他分享经济和社会保守主义的副州长。来自奥西奥拉市的艾奥瓦州参议员金·雷诺兹符合这个条件。来自得梅因市的共和党活动家和前全国委员会委员史蒂夫·罗伯茨称雷诺兹是副州长的不二人选。"她给我们带来很多，"罗伯茨说，"她一直是地方官员，不管是在地方的层次，还是在议会的层次，她都有足够的经验做好工作。然而，她目前还没被看作机构的一员。"[173]

"那是我一生获得的最不可思议的荣誉，"雷诺兹在 2015 年说道，"我接到一个电话要我来参加面试。作为一个来自艾奥瓦中南部小城镇的前地方财务主管和新当选的州议员，这个电话出乎我的意料。之后，我又接到第二个电话，我想，'这次是认真的！'"

她和丈夫凯文与特里和克莉丝·布兰斯塔德夫妇一起共进晚餐，并且度过了非常愉快的时光，雷诺兹如是说。布兰斯塔德告诉她，他想建设一个精诚合作的团队。"他认为副州长应该在各方面都很活跃，我很敬仰与尊重这一观点，"她补充道。[174]

当选后，雷诺兹说这简直都有点超现实；她迫不及待地要开始工作，也很自豪能成为布兰斯塔德团队的一员。"我曾经被任命为艾奥瓦州公务员退休管理董事会成员，在处理驾驶执照问题上跟他一起共事过。但是在当选之前，我跟他没有太多互动。现在，我亲眼见证了他是多么开明的一个人……他是那么体贴、从容和勇敢，那么善于倾听，为了艾奥瓦人又是那么努力地工作。他在方方面面都真正地为艾奥瓦人作出了表率。"[175]

卡尔弗州长方面则沿用了 2006 年票选的竞选伙伴帕蒂·贾奇。

在大选之前，两名候选人都进行了竞选拉票活动。卡尔弗乘坐火车，在艾奥瓦中部和东部地区进行挨个站点的短暂拉票活动，尽管在民意调查中落后，他还是尽力表现得很乐观。"我们可以在终点线上赢了他们，"锡达拉皮兹市《公报》11 月 1 日刊引用了他的这番话。

布兰斯塔德在艾奥瓦州东部给予了回击："我知道他（卡尔弗）喜欢拉票，但是他却从不会当州长。人们需要的是一个能亲力亲为、主动接触和倾听他们的州长，一个能列出适合艾奥瓦州发展议程的州长。"[176]

2010 年 11 月 2 日是选举日，创造历史的时刻来到了。在投出的 1133430 张选票中，布兰斯塔德／雷诺兹组合得票数为 592494 张，占 52%。自 1962 年诺曼·埃伯输给了哈罗德·休斯之后，这是第一次时任艾奥瓦州州长被赶下了台。

在得梅因堡酒店的败选演说中，卡尔弗州长感谢了家人、工作人员和支持者。他为自己的政府管理感到自豪，指出他的政府提高了最低工资水平，解除了艾奥瓦州对干细胞研究的禁令，并把艾奥瓦州教师的工资提高到国家的平均水平。

在西得梅因海威会议中心的胜利演说中，布兰斯塔德对欢呼雀跃的支持者说："相比第一次在选举之夜站在你们面前，我对今后的工作感到更加激动。你们看，为艾奥瓦州人服务是我的特权。"他的胜利使他成为艾奥瓦州历史上第一位做过五任的州长，也因此稳稳载入国家纪录史册。

根据"智能政治"网站的数据，布兰斯塔德在 2011 年上任第二周就以 5852 天的任职时间跃居美国历史上的第一名，比南达科他州的比尔·詹克洛任职时间多 1 天。詹克洛分别于 1979—1987 年和 1995—2003 年两度担任州长，总计在任 16 年零 7 天。

但是，也有一些统计网站追溯到 18 世纪 70 年代，把任期最长州长的殊荣给了纽约州的乔治·克林顿。争议的焦点在于，克林顿上任几年后，纽约州才成立，而"智能政治"网站不承认他在宪法颁布前的任职纪录。这位准将于 1777 年 7 月 9 日就任，1795 年任期结束，后来又于 1801—1804 年再次就任该职位。他任职时间为 21 年，但是"智能政治"网站只承认他在美国宪法颁布后的任职时间。在布兰斯塔德最后一次选举之后，《得梅因纪事报》在 2014 年 11 月 4 日那期中对局势进行了如下界定：

"随着他今晚的胜利，他会追上乔治·克林顿——这位开国元勋曾在美国赢得独立之前和之后任纽约州州长，任职 7641 天。而要任职达到 7642 天，布兰斯塔德必须任职到 2015 年 12 月 14 日……"

这一日期也是布兰斯塔德所期望的……毫无疑问。

当他的第五个任期在 2015 年 1 月 9 日结束时，布兰斯塔德的任职时间竟然不可思议地达到了 7303 天，历时 19 年 11 个月 29 天。根据"智能政治"网站的数据，这一纪录比美国历史上其他州长的任职时间长 24.5%。[177]

詹克洛位居第二，紧随其后的是亚拉巴马州的乔治·华莱士，他任职时间为 5848 天，历时 16 年零 4 天。华莱士 1963 年任职，最后一次任职时间是 1987 年，但是在那期间，他曾两次下台。俄亥俄州的吉姆·罗德斯位列第四。

经常被人忽略的是排在第 14 位的罗伯特·雷，他任职 13 年 11 个月 30 天，总计 5112 天。[178]

2010 年的胜利也给了布兰斯塔德一个惊人的纪录：截止到那一刻，他创下了 18：0 的选举纪录。但是，这还不是全部。2014 年 1 月 15 日，不出所料，他宣布将继续竞选第六个任期，这一地位在美国历史上再无人望其项背。在第五个任期成功度过三年之后，他意气风发，对创造另一个里程碑式的成就似乎已经胜券在握。

"布兰斯塔德州长自从 2010 年回归以来就一直很受欢迎，现在也是如此，在新的艾奥瓦州民意调查中的支持率达到 58%，"凯瑟·奥布拉多维奇在《得梅因纪事报》2013 年 6 月 8 日那期中写道，"他可能会永远受人喜爱，直到他离职或去世，不管哪个先来到。他一直占尽天时地利，所以作这个决定是轻而易举的事情。"[179]

在他的家人及副州长金·雷诺兹的家人和支持者的簇拥下，布兰斯塔德又走上了讲台中心，向 250 位聚集在西得梅因海威会议中心的人们宣布竞选的决定。"四年前，我看到我们的州前途黯淡。我爱这个州，我厌恶那时我们的发展方向。我知道我们能做得更好，所以四年前我回来领导艾奥瓦回归。我们已经做到了。我承诺为艾奥瓦州的家庭创造更多就业机会，这个承诺驱使我今晚在这里说我要再次竞选这个伟大的州的州长。"

"现任州长、共和党人特里·布兰斯塔德和有望成为民主党提名候选人的杰克·哈奇之间正式开始了州长之争，"珍妮弗·雅各布斯在第二天早上的《得梅因纪事报》上写道，"这是艾奥瓦人认识了数十年的贴心州长和一个声称要用进步观念改善艾奥瓦州的街头政治斗士之间的角逐。"[180]

两个月后，奥布拉多维奇写道：她在教堂偶遇一位绅士，他认为布兰斯塔德做得很不错，但是他却不会为布兰斯塔德投票，原因是他觉得布兰斯塔德已经做得太久了，是时候换张新面孔了。

她是这样回应的："……布兰斯塔德当前任期的工作满意度位列最高之一，去年年末的银行储备超过 400 万美元，而且他的支持率比他可能的竞争者多出 15 个百分点。我想如果我的教堂朋友不想让特里·布兰斯塔德再任四年州长，他需要神的干预。"[181]

现任州长的确有位共和党提名竞争对手。汤姆·霍夫林来自艾奥瓦州中西部卡尔洪县的小镇洛尔维尔，他说他立足的保守平台会"……给近几年的共和党平台提供一个有原则的、实用的、简明的选择。"霍夫林是"美国人党"的创始人，2012 年代表

"美国独立党"参加总统竞选。他批评布兰斯塔德在第五个任期内使州预算有所升高，并指责布兰斯塔德没有更加果断地反对堕胎和同性婚姻。2014年6月3日，布兰斯塔德州长以83.2%：16.8%轻松赢得初选。

作为得梅因的地产开发商，哈奇在初选时也没有人反对，很显然没有其他的民主党人觉得这次有优势对抗布兰斯塔德。哈奇于1985—1993年就职于艾奥瓦州众议院，1993年任美国参议员汤姆·哈金手下的国务主管。在离开这个位置后，他于2000年11月赢得选举，再次回到艾奥瓦州众议院。2002年，哈奇入选艾奥瓦州参议院，并于2014年竞选州长。

布兰斯塔德接受了三次辩论邀请：8月14日在艾奥瓦州博览会，9月20日在伯灵顿，10月14日在苏城。在接受采访时，哈奇及其竞选团一再指出州长在任职期间与对手辩论的经验丰富，而他在艾奥瓦州立法委任期内则尽量减少自己的竞选辩论。"我所面对的情况很不相同，"哈奇说，"州长和我都没有机会互相交流意见。"[182]

在这三场辩论中，哈奇抵挡不住现任州长的竞选攻势。"此刻，一切都是向着有利于布兰斯塔德的方向发展的……"8月中旬，北艾奥瓦大学政治学家克里斯托弗·拉里默这样说道，"哈奇需要说明布兰斯塔德政府存在系统性的问题，而这是很难的。我很确信他在剩下的两个半月内是没办法做到的。"[183]

就在大选前几天，《得梅因纪事报》的民意调查显示布兰斯塔德领先对手24个百分点。在大选日，结果也的确配得上这个已经是艾奥瓦州历史上任职时间最长的州长的人，而这一胜利，又将使他成为美国历史上任职时间最长的州长，而且没有任何附加条件。

布兰斯塔德横扫艾奥瓦州99个县中的98个，唯一不在他的阵营里的是约翰斯顿县的民主党堡垒，这是位于艾奥瓦市的艾奥瓦大学的故乡。总的说来，州长收获了59%的选票，比对手高出22.7个百分点，这是他六次州长选举中最大的一次胜利。这次胜利具有决定性的意义，州长之争在民意调查之后就立刻开始了。布兰斯塔德获得666023张选票，哈奇获得420778张，而自由党的李·希布得到20319张。另外两名参选者为吉姆·亨南格（10592张）和乔纳森·纳西斯（10239张）。

这次胜利也是共和党席卷全州的大势中浓墨重彩的一笔，很大一部分原因是布兰斯塔德的竞选机器马力全开，助力共和党赢得其他的竞选。来自雷德奥克的州参议员乔妮·恩斯特以52%的得票率击败了前期领跑的布鲁斯·布拉伊，后者是来自滑铁卢的四任国会议员，这也使她成为艾奥瓦州历史上第一位进入美国参议院的女性。她这场漫长而又艰苦卓绝的竞选之战也是艾奥瓦州历史上最昂贵的竞选，总计花费7900万美元。布兰斯塔德本人也连续数月支持她，并早在2014年就预测她会成为共和党提名人，并能击败布拉伊。

除此之外，共和党人大卫·杨赢得第三区竞选，罗德·布卢姆赢得第一区，而史蒂夫·金则轻松赢得第四区竞选而进入自己的第七任。第二区仍然在戴夫·罗艾塞克这位民主党人手中。

共和党人在州立法委控制了更多的众议院席位，但是参议院以
24：26 的差距仍控制在民主党手中。

在西得梅因的万豪酒店的就职演说中，布兰斯塔德宣称：
"四年前，我回来领导艾奥瓦回归。女士们、先生们，我们已经
刚刚做到了。我们已经铺好了路，使艾奥瓦州成为全国都羡慕的
州，我很骄傲地说我们已经在路上了，但是还没有完成。"

这可能是最经典的低调表述。在他掌舵的最后几年，这位来
自莱兰农场的政治家会留名史册，而整个艾奥瓦州都无人能与之
相媲美。

11

与习近平主席跨越 30 年的交往

1972 年，理查德·尼克松总统访问中华人民共和国，因此开启了两国关系正常化的重要一步。2 月 21 日"空军一号"降落北京的那一刻，标志着美国总统首次访问中国大陆，也宣告了两个民族之间长达 20 多年的隔绝状态正式终结。许多学者将这次会面看作美国现代历史上最有意义的事件之一。

"这是改变世界的一周，"在上海访问时尼克松说道。他强调最重要的事情是："我们在今后做什么来搭建跨越 16000 英里的大桥，消除过去 22 年间分裂我们的敌对情绪。而我们今天所说的就是，我们要建那座桥。"[184]

没有哪一个美国州长比特里·布兰斯塔德更能领会尼克松所传达的信息。大约 11 年后，1983 年 7 月 22 日，布兰斯塔德与时任中国河北省省长张曙光签署了正式协议，艾奥瓦州与河北省结成友好省州关系。在签署协议时，布兰斯塔德强调这是艾奥瓦州外交史上的里程碑。友好省州关系的缔结使得布兰斯塔德和一个 50 人的代表团有机会在 1984 年访问河北省。而第二年，中国代表团也回访艾奥瓦州，这次访问受到艾奥瓦州友好省州委员会和中国人民对外友好协会的共同资助。

1985 年 4 月 24 日，中国河北省派出的五人代表团来到艾奥瓦州进行农业调研，这距上次成功访问艾奥瓦州仅隔了一年。代表团此行是为了寻求帮助华北农业地区发展的办法。在来访的中国地方官员中，就有习近平这样一位崛起中的政治人物，他注定要成为地球上最大民族的国家主席及其执政党的总书记。习近平与他的代表团于 1985 年 4 月 29 日在州长办公室会见了布兰斯塔德。

代表团受到艾奥瓦州的团队接待，并由艾奥瓦州发展委员会国际贸易市场经理卢卡·贝瑞恩陪同。代表团先去了得梅因市和锡达拉皮兹市，后又在马斯卡廷待了两天，参观了当地的农场和企业。代表团甚至收到了马斯卡廷市市长赠送的城市钥匙。

布兰斯塔德州长请友好省州委员会委员萨拉·兰蒂来安排马斯卡廷市的活动。兰蒂及其接待团队因为预算紧张，就以传统的艾奥瓦州的待客方式，请代表团吃家常饭，而不是去精致的酒店和餐馆就餐。习近平在离兰蒂家几个街区远的埃莉诺和托马斯·德沃切克夫妇家中住了两晚，睡在他们儿子的卧室。这个卧室是以《星际迷航》的风格进行装修的，而且在孩子去上大学之后也保持不变。

"我真希望在他来之前已经重新装修了那间卧室，"埃莉诺·德沃切克说，"但是他是那么和颜悦色，一切都还好。"[185]许多年后，埃莉诺回忆道，这位中国领导人处事从容，在这个短暂的旅行中一门心思想要学习尽可能多的东西。"他每天忙到很晚，所以晚上回来他所需要的就是安静，"她说。

语言障碍使得他们之间对话困难，但是她说习近平很有兴趣参观她的家，似乎对她家能容纳两辆车的车库和装有篮球筐的宽阔的混凝土车道印象深刻。

回到中国之后，习近平的政治地位继续上升。他于1999—2002年任福建省省长，2002—2007年先后任浙江省省长、省委书记。2007年，上海市高层领导因社保基金案被免职，习近平遂被任命为上海市委书记。任此职不久，他就进入中共中央政治局，成为九名常委之一。2008年，习近平当选中国国家副主席。

习近平出访各国都受到欢迎。2011年9月，布兰斯塔德州长率贸易代表团访华，就在天安门广场旁的人民大会堂与中国国家副主席习近平会面，他们共同回忆起1985年中国代表团对艾奥瓦州的访问。这位副主席告诉州长，艾奥瓦州人民的友好与好客给他留下了深刻的印象，他还能记起几十年前见过的艾奥瓦人的名字。谈话之后，布兰斯塔德州长正式向习近平递交了邀请信，请他再次访问艾奥瓦州，与"老朋友"在1985年一别后再次团聚。

2012年1月23日，白宫宣布中国国家副主席习近平即将访美，要先后访问华盛顿特区、艾奥瓦州和加利福尼亚州。奥巴马总统邀请习近平来白宫会晤，就两国经济和军事关系进行商谈。国务院为其举行了隆重的接待仪式，五角大楼也以全套军礼相迎，习近平还与商界要人举行了一场聚会。在结束了东海岸的行程后，习近平率代表团继续向西参加美中农业高层研讨会，并重访故地艾奥瓦州。

习近平一行先去了马斯卡廷市。他第一次访美所认识的 17 位友人应邀来到当时主持接待工作的萨拉·兰蒂家里参加茶话会。布兰斯塔德州长、马斯卡廷市市长德威恩·霍普金斯、大约 30 人的中国代表团成员和十几位来自两国的媒体朋友参加了这次活动。兰蒂家门口的街道临时封闭，许多市民和好奇的群众都聚集在外面想一睹这位副主席的风采。

"我没想到他会在百忙之中抽出宝贵的时间回来马斯卡廷市，"埃莉诺·德沃夏克说。她和丈夫后来搬到了佛罗里达州，但是这次也专程回到艾奥瓦州参加聚会。[186]

习近平说："你们都想象不到 27 年前来马斯卡廷市的经历给我留下了多么深刻的印象，因为你们是我接触到的第一批美国人。当时我对美国人的印象就来自于你们。对于我来说，你们就是美国。"[187]

在一个小时的长谈之后，习近平与宾客合影留念，并乘车继续前往得梅因市。在那里，布兰斯塔德州长和雷诺兹副州长在州政府为他举行了正式的欢迎晚宴。

席间敬酒时，布兰斯塔德说道："我们很自豪能跟中国达成互惠互利的贸易伙伴关系，艾奥瓦州的农民也非常骄傲能让中国人民吃上我们安全可靠的农产品。在艾奥瓦州领先世界的领域，如生物科技、先进的制造业、食品加工还有金融服务等方面，我们能够在现有的合作基础上更进一步。我们希望今晚的宴会以及你们对艾奥瓦州的访问会加强艾奥瓦州和中国的友谊，这一友谊会不断增进并惠及两国人民。

"1985 年，当您来州长办公室访问时，我才三十七八岁，第一次当州长。而您正值三十出头，任石家庄下辖县的县委领导。现在，我很荣幸能再次当州长，并能赶上这个历史机会迎接你回访艾奥瓦州。许多艾奥瓦人都很高兴看到我们这么多年前交的老朋友现在已经在伟大的中国走到了这么显赫和受人尊敬的位置。"[188]

美中农业高层研讨会于 2012 年 2 月 16 日在得梅因市世界粮食奖获奖者殿堂举行，历时两天。研讨会的焦点在于食品安全和可持续农业的双边合作，以及加强两国的商业合作。

布兰斯塔德州长和前艾奥瓦州州长、时任美国农业部长汤姆·维尔萨克，中国农业部部长韩长赋共同出席研讨会。习近平致开幕词，强调中国重视农民和农村发展以及粮食安全问题。

研讨会结束时，中国买家与美国大豆生产企业签订了协议，同意在 2013 年向美国购买 860 多万吨（3.17 亿蒲式耳）大豆，总价值约 43 亿美元。布兰斯塔德州长认为习近平 2012 年的访问意义重大，不亚于教皇约翰·保罗二世 1979 年对艾奥瓦州的访问，以及苏联部长会议主席尼基塔·赫鲁晓夫 1959 年的短暂到访。

2012 年 5 月 18 日，布兰斯塔德州长正式接受了习近平副主席的邀请，于 2013 年率代表团出访中国，并庆祝河北省与艾奥瓦州缔结友好省州关系 30 周年。2013 年 3 月 14 日，习近平升任中华人民共和国主席和中央军委主席（四个月前，他已当选中共中央总书记）。实际上，这使他成为全世界最有权力的领导人之一。

他的那些艾奥瓦州"老朋友"也加入了这个代表团。除了参加老友聚会，布兰斯塔德州长还与艾奥瓦州经济发展局局长德比·达勒姆一道参与会谈，旨在促进艾奥瓦州的全球伙伴关系，并为其寻求更多经济发展机会。代表团的其他重要成员还包括另外两名州长——威斯康星州的斯科特·沃克和弗吉尼亚州的鲍勃·麦克唐纳，以及约翰·迪尔和杜邦先锋公司的企业高管。

四天的行程中，他们访问了北京、河北省的保定和石家庄，还有天津；参加了两省州缔结友好关系 30 周年的庆祝活动，并参加了在天津召开的中美省州长论坛。这次出访中国，布兰斯塔德州长与习近平主席长达 45 分钟的"亲切和友好的"交谈在中国的报纸上得到大量头条报道。

"我把他看作老朋友，他也那么称呼我们。我对此感觉非常好，"布兰斯塔德州长说，"他特别谈到省长州长这一层次的会面益处良多。"[189]

访问期间，布兰斯塔德州长写了一篇文章发表在中国官方的英文报纸《中国日报》的 4 月 15 日那一期。"艾奥瓦州与中国人民有长期的经济合作关系，我们非常珍惜，并希望继续加强这一关系。我州安全可靠的农产品是中国人民一个重要的食品来源。实际上，艾奥瓦州的农民出口到中国的大豆远多于出口到其他国家。在我们州，人人都知道农田里每四行大豆就有一行是去往中国的。

"代表艾奥瓦州的农民，我们很荣幸有机会在促进两国各自的经济发展和保障粮食安全方面跟中国结成伙伴关系。我们的玉米和大豆是中国畜牧业的重要投入品，使价格保持低廉，而我们的猪肉也在供应中国消费者。我想不出比这更好的'双赢'伙伴关系。"[190]

尼克·康普顿是艾奥瓦州人，当时正攻读北京一所大学的全球财经新闻硕士，他写了一篇州长访华的报道发表在《得梅因纪事报》"声音与评论"栏目，标题是"布兰斯塔德访华受到摇滚明星般的待遇"，并配有布兰斯塔德和习近平在北京人民大会堂握手的照片。这充分表达了对他的敬意，这位来自莱兰农场的男孩的职业生涯竟然走得如此之远。

后来，康普顿报道说州长几乎被热情的民众所包围，一位商人说："如果我们有钱，一定会去艾奥瓦州投资。"[191]

乔治·C·福特在锡达拉皮兹《公报》上写道，根据美中贸易全国委员会的数据，中国是艾奥瓦州在 2013 年的第二大出口市场，"29 亿美元的出口总额中，23 亿美元来自于农产品，而诸如航天业、加工食品业以及机械制造业等产业也在这个世界最繁荣的国家中开拓了重要的市场"。

"'在中国的成功不是一夜之间发生的，'罗克韦尔·柯林斯公司国际和服务方案事业部高级副总裁科林·马洪如是说。该公司在中国已经运营 30 余年了。他说，'你不可能空降一个团队来做成一笔生意，并期冀自己会赢过那些在这个国家进行策略性投资的公司。我们在中国长期经营，这给了我们竞争优势。'"[192]

布兰斯塔德懂得基本的贸易原则，也是最先意识到建立独立于联邦政府的国际关系之重要性的州长之一。在他六任州长的任职时间内，他出国访问大约 30 次，游遍整个欧洲和亚洲为艾奥瓦州的产品开拓市场。他不知疲倦地工作来提高出口率，以造福艾奥瓦州。

2013 年 8 月 11 日的《得梅因纪事报》"观点"栏目头条把布兰斯塔德称作"首席推销员"，甚至同时也在质疑这种海外努力是否属于州长的职责范围。但是，这位州长对这一角色却乐此不疲，并相信它能创造好的商誉，对艾奥瓦州的经济发展至关重要。

12

泡沫中的生活

作为长期生活在公众视野之中的人，如电影明星、著名运动员以及高层政治人物，通常会给他们的配偶或子女带来不同程度的负面影响。肯尼迪和福特的家人所遭受的痛苦与磨难是政治领域的经典例子，甚至罗纳德·里根的家人也未能躲开公众的视线和痛苦的遭遇。

在布兰斯塔德成为州长之后，他们一家的境遇也是如此。

搬到露台山时，克莉丝刚刚 30 岁，作为两个孩子的母亲，她下定决心不让他们暴露在公众视野中。在忍受着失去隐私的痛苦时，她在很多问题上也坚守立场，甚至是事关自己的婆婆也不让步。当丽塔·布兰斯塔德搬到官邸来住时，她想吸烟，克莉丝阻止了她，并说这是不允许的。丽塔是个老烟民，只好搬了出去。

闹得最为沸沸扬扬的事件发生在 1983 年，争论的焦点在于露台山应该对公众开放参观的尺度问题。特里·布兰斯塔德曾一度希望在露台山周日至周四供外界参观的日程外再增加周六为开放日，仅留周五对公众关闭。他希望二楼也对外开放，而不是仅开放一楼和车库。

但是，他的计划遭到了家庭后方的坚决抵制。负责官邸运营的露台山管理局发起了讨论。

"我不想放弃我的二楼和周末，"克莉丝告诉管理局，"我不能放弃周末两天的时间，让别人在家里四处闲逛。"克莉丝甚至说，如果这一提议被采纳，她就考虑搬到外面的公寓去住。[193]最后，他们达成了妥协：露台山在周六依然对外关闭，但州长和夫人的办公室及客房所在的二楼会对外开放。

1995年初，他们几乎陷入危机。那时，官邸到了非修不可的地步。据报道，因为水泵故障，布兰斯塔德一家常常洗冷水澡，另外，电线需要更新，冰箱坏了，而电梯也需要修理。更糟糕的是，急需新换一套价值近3万美元的火警系统。

"如果发生火灾，我们都会被烧死，"克莉丝说。[194]

据估计，需要近40万美元来修缮官邸并使它恢复正常工作状态。然而，负责官邸运营的管理委员会仅有每年17.5万的预算。克莉丝去州立法委申请维修官邸的经费，并得到了批准。

然而，最严重的事件直到2013年才出现，这次是真的"使人生病的"状况。克莉丝在7月开始感觉身体不适，健康状况逐渐恶化。"我真的病了，是我一生中病得最严重的时候，"她在两年后说道，"我甚至失去了味觉和嗅觉。"

"我们当时要随贸易使团去南美。我要求在我们不在的时候对露台山的空气质量进行检测。"检测结果表明，三楼存在很严重的黑霉问题，而那是他们生活的区域。最后，整个墙体都拆除了，地板也全部重建。为此，他们开展了筹措资金的活动，并申请了州维修基金和其他额外的拨款。修缮工作开始于 9 月，克莉丝迫切希望在感恩节之前完工。

"大约有 25 个人在这里工作，"她说，"他们是很好的人，工作做得很棒。他们希望维修后的官邸会带给我们惊喜。当我们回来看到他们所做的一切，我激动得大叫起来。从此，我再没有病过。"[195]

维修事项包括地板照明系统、南面入口的楼梯、暖通空调／地热升级改造、霉菌清除、窗户更换；东侧地毯修复；主门廊维修；东门廊维修及安全门臂更换。维修总计花费 420 万美元。

在布兰斯塔德第三次任州长时，他的妻子正值 39 岁，当时她作了人生中的一次重大决定：注册加入得梅因地区社区学院。发现自己在艾奥瓦大学的学时可以转校时，她下定决心获得医学助理课程副学士学位。

"就是那么一瞬间，我脑子里有个声音说我要做这件事。17 年来我都没有做过一份有薪酬的工作，而那就是我的选择，"她说，"但是我决定必须现在就做这件事，不然就再也别做。我开车去安克尼上课，这花了我一年时间。我在得梅因地区社区学院庆祝了 40 岁生日，并且在那年 9 月找到了工作。"[196]

她在一个家庭医疗机构全职工作了两年，然后在一家整形手术医疗机构工作了三年，之后又在波尔克市的一所家庭医疗机构短暂工作了一段时间。

"我必须工作，"她耸耸肩说道，"我们有两个孩子在上大学，还有一个在天主教学校上学。但是我很开心，我真的非常热爱工作。"她说，早在他们刚在温尼贝戈县农场结婚的时候，她就喜欢上了医务工作，那会儿她就给小猪进行注射。"我喜欢注射，"她在接受美联社采访时说道，"当病人告诉我打针一点都不疼时，就是对我最高的赞扬。"[197]

1994 年 2 月 20 日，《得梅因纪事报》"生活方式"栏目发表了题为"竞选伙伴"的长篇特写，聚焦三位主要州长候选人的配偶。格兰迪的妻子凯瑟琳·曼作为电视脱口秀主持人和作家，在公众中拥有很高的知名度。爱德·坎贝尔被描述为一个顽强、不苟言笑的人，他患过癌症，并且酗酒，但都挺过来了，并且享有国家级的民主党顾问的美誉。

克莉丝则被描绘为一位乐于奉献的母亲和妻子，她不断努力地适应这种公众生活，并且也成功做到了。

"与 11 年前搬进州长官邸的克莉丝·布兰斯塔德相比，她已经大不一样了，"菲比·沃尔·霍华德写道，"布兰斯塔德接受了鱼缸中的生活。她的生活观似乎也改变了。她对公众怎样看待她不太在乎了。'可能是因为年龄的缘故，'她笑着说。"[198]

最大的改变来自于养家的压力和对自身职业的追求。她早上总是忙忙碌碌，送孩子上学后自己又要去工作。尽管她有专用司机，但她总是亲自开车送孩子上学，目的是跟孩子们保持日常的接触。她告诉霍华德，她不允许丈夫的热情和职业支配她的角色。

"我对政治感兴趣，但这不是我全部的生活。在过去的两年半时间里，我的生活发生了变化……现在，我的生活就是我的工作、孩子和丈夫。就是这样。"[199]

1999 年，艾莉森·布兰斯塔德 21 岁，还是大学四年级的学生。她对专栏作家罗博·波塞里诺坦言，在露台山的生活有其不易之处，比如，她穿着泳衣晒日光浴时，一群游客会走过来盯着她看；当男孩子想来约她的时候，常常会被官邸周围的保安吓退。她承认官邸太大了，以前她都迷过好几次路（她搬进去的时候才五岁），甚至有一次，一只手臂被电梯门夹住了，这样的事在一般的家庭里不太会发生。

还有就是媒体持续的关注。"你必须万事小心，"艾莉森说，"我的弟弟就是个很好的例子。我不是个派对迷，但我也不是个天使。我做的事情都很平常，所以我很幸运从未被抓住。"[200]

在 1996 年的一次采访中，特里·布兰斯塔德仔细反思了自己作为州长的得失。他也简要讲到了这个工作的要求，以及其对家庭时间的影响。

"布兰斯塔德承认这个工作要求他放弃很多私人的生活，"托马斯·A·福加蒂在《得梅因纪事报》上这样写道。"它会剥夺你的生活。这点毫无疑问，"作为三个孩子的父亲，布兰斯塔德如是说，"我总是告诉我的孩子，坏处和好处都要接受。你要放弃隐私。你是个公众人物。但是（孩子们）会有机会见总统还有其他的州长，还会参加很多会议，以及诸如此类的事情。"[201]

州长这么多年来也一起承受了那些恐惧的时刻。他曾经三次遭遇航空事故。其中一次是 1978 年 10 月 30 日在苏城，飞机降落时起落架失灵，被迫机腹着陆，最后在跑道上滑行一段后停了下来。

整整一年后的 10 月 30 日早上，从梅森市作完演讲返程回米尔斯湖的路上，他遭遇了车祸。一辆本地居民驾驶的卡车猛地停在他的车前面，布兰斯塔德踩了刹车，但是他的车撞到了卡车侧面并彻底毁了。他的肋骨受了伤，头也撞到了挡风玻璃，后来他被送到梅西医院，从头盖骨中取出了一块玻璃。当事的另一位司机被控没有在停车标志处给予通行权。

1988 年 5 月，媒体报道南希·里根在白宫时曾咨询过占星家来确定星相是否有利，之后曾有人质疑州长也信占星术。"甚至是在出过两次事故的 10 月 30 日，我都依然要工作，"他说。当被问到他是什么星座的时候，布兰斯塔德说他不知道，也不在乎。

"这对我来说很新鲜，"当被告知自己是天蝎座时，布兰斯塔德这样说，"我不知道自己是什么星座的。我是共和党人，是艾奥瓦州的州长，我母亲给我起名特里。这是我所知道的全部。我可以回答非常难的问题，但是我不懂占星术。很抱歉。"[202]

还有一次，他和道格·格罗斯在飞往目的地的过程中遭遇大雾。飞行员有点惊慌失措，格罗斯说，他"拽出一本飞行手册，并翻到讲如何在雾天飞行那一页。这有点让人不安"。[203]

与很多人想得不一样，州长并没有专机或包机服务。当他想飞到某处时，工作人员必须找到愿意捐出时间与金钱（和飞机）带他的人。

然而，最不寻常的事故发生在 1993 年 1 月 17 日，那天他和八岁的儿子马库斯在韦弗兰高尔夫球场的小山上滑雪橇。在一次滑行中，他撞到了雪橇，面部的骨头被撞碎了。他被送去医院治疗时，整个脸都肿胀瘀青。他的下颌破裂，手术后用金属线缝合，一个月后才拆线。"我想可能我太老了，不适合滑雪橇了，"他说。

他原本计划第二天去华盛顿特区参加新当选的总统比尔·克林顿的就职仪式，却只好取消了行程。尽管这次受伤使他行动缓慢了许多，但他还是很快痊愈了，这再一次显示了他天生的坚强。

"特里·布兰斯塔德破碎的下颌已经能自由活动，他又风风火火地上路了，"1993 年 2 月 19 日美联社这样报道，"布兰斯塔德立刻开始了巡回演讲，而之前因为雪橇事故导致州长的颌骨受伤，这一行程被迫搁浅。外科医生修复了布兰斯塔德面部的六块骨头，四周后就拆线了，这算是恢复得比较快的。医生原本预计他的下巴要六周才能拆线。

"有些金属仍然留在布兰斯塔德的脸部来进行固定，但是州长已经能正常讲话了，"他的发言人理查德·沃斯说道。[204]

布兰斯塔德也许曾经是艾奥瓦州当选的最年轻的州长，但是他的儿子马库斯也有自己的纪录。当他在 1984 年 1 月 22 日出生时，他是自安塞尔·布里格斯与妻子在 1847 年生下女儿之后诞生在艾奥瓦州州长家的第一个宝宝。布兰斯塔德一家住在三楼，因为生活区没有婴儿房，主卧室旁的起居室就改作了婴儿房。

1996 年，马库斯决定到位于莱兰附近的布兰斯塔德家的农场住一年，而他的父母也同意他这么做。他一至六年级在得梅因市的天主教学校就读，但是在 1996—1997 年，他在父亲毕业的弗瑞斯特市的同一学区上学。

"他过得很愉快，"州长说，"他学会了开所有的拖拉机。他们还要照料大批牛群。"布兰斯塔德的新闻秘书埃里克·沃尔森补充说，对于马库斯来说，这是个好机会，他可以生活在一个不用关注他父亲职业的环境里，开开心心做个孩子。埃里克和艾莉森已经离家上大学去了，因此克莉丝和特里那时成了"空巢老人"。

"如果让克莉丝·布兰斯塔德描述她自己，一个词总是会冒出来：平常。1999 年，布兰斯塔德一家搬出露台山，克莉丝·布兰斯塔德迫不及待地要把丈夫拉回到平常的生活中来，"里德·弗戈瑞伍在 2010 年写道，"她很快明白，你可以让这个人从政治中脱身出来，但你却不能把政治从这个人身上拿走。"[205]

2012 年，他们在得梅因市西边的一个私人区域帕纳拉玛湖买了一座房子。该区域是在 1970 年中浣熊河筑坝拦水工程之后才发展出来的，现在这一区域包括一个占地 1400 英亩的湖，可用于划船，并提供私人海滩、健身中心、两个高尔夫球场、网球场以及其他服务。这里业主人数达 1750 人，是艾奥瓦州最大的私家湖区。"我们经常去户外，玩得很开心，"克莉丝·布兰斯塔德说，"要说特里业余时间做什么，历史和运动是他所爱的两件事情。他没有什么真正的业余爱好。"[206]

他们都很注重参与运动以保持活力，2000 年，特里·布兰斯塔德曾遭遇轻微的心脏病发作，在那之后他们就更加注意这个方面。他和妻子那天早上在基督教青年会工作，当他们走出大楼时，他就发病了。他在医院住了几天，并搭了一个血管内支架以促进血液流通。还不到一个星期，他就回来工作了。2010 年，他又搭了另一个支架。

就在两年后，他的老朋友及竞选伙伴梅尔·斯特劳布在 2002 年 2 月因癌症去世，这让他非常难过。斯特劳布在 1971 年开了一家以他的名字命名的印刷公司，生意做得非常成功，他和妻子简都是州长坚定的支持者和亲密的朋友。梅尔·斯特劳布与约翰·鲁安同心协力创办了约翰·鲁安多发性硬化症慈善高尔夫精英赛。现在，简·斯特劳布是位于得梅因的斯特劳布公司的执行总裁。

清晨，特里和克莉丝常被看到在格雷氏湖边轻快地散步，一周要锻炼几次。在冬季和天气不好的时候，他们会在得梅因大学的健康中心做运动。但是，他仍然把绝大部分的精力花在他所热爱的工作上。据多年为他工作的人说，他干起工作来精力极为充沛。

马特·欣奇毕业于得梅因道林天主教高中和艾奥瓦大学，在 2014 年选举时任高级顾问，他见多识广，工作经验丰富。他曾于 2003—2009 年在华盛顿的国会山工作，后又任职于艾奥瓦州共和党核心议会和得梅因合资公司。他工作敬业，所有他服务过的政客，尤其是布兰斯塔德，都对他赞赏有加。

"他的工作精神堪称典范，"欣奇在选举后说道。"就在上周他告诉我，在议会任职时，他晚上会把自己关在法律图书馆，这样他可以潜心研究。甚至是现在，他的公共日程也是满得令人难以置信。他总是想让我们再添些事情进去。

"他是一个真正的一心为公的官员……他考虑的从来不是自己，而是什么对于艾奥瓦州最有利。他可能是我所见过的最平易近人的当选官员，而我可知道不少这样的人。"[207]

欣奇也非常钦佩布兰斯塔德那种凡事都做好万全准备的决心。他回忆起一件重要往事，那是在华盛顿，作为分委员会的联合主席，布兰斯塔德在五角大楼开会讨论为州国民警卫队申请额外基金。布兰斯塔德坐在国防部长查克·哈格尔对面，在座的还有国土安全部负责人、联席会议高级顾问和其他六位州长。会议一度气氛紧张。

"布兰斯塔德州长对哈格尔步步紧逼，竭尽全力争取资金，"欣奇说，"可以看出，其他州长都非常欣赏和敬佩他所作的努力。

"这都归功于他所作的准备。对于这样的会议，以及他所做的每一件事情，他都会作好最充分的准备。"[208]

欣奇觉得布兰斯塔德最有利的一个特点就是遇事沉着："你做不到像他那样，有所保留地接受所有的批评。他真的能做到临危不乱。"这使得他能应对媒体的攻击和那些公众场合行为过激的公民。

一次，布兰斯塔德出席2013年艾奥瓦州橄榄球赛，比赛即将结束，他与其团队正站在记者席顶层的电梯口准备离开。另外十几名观众也在等电梯，其中有一名大约三十来岁的男子瞧见了州长，这个人很显然一直在喝酒，他用粗暴无礼的方式和语气大声议论州长。

电梯很久都没来，于是州长一行开始走楼梯，其他观众也都跟着下楼，那个吵闹的家伙也包括在内。他一路上不停地嚷嚷："嗨，杰瑞·布兰斯塔德，管你叫什么名字，我要跟你说话。"一到外面，州长就朝他的越野车走去，中间还不时停下来跟看见他并想跟他握手的粉丝简短寒暄几句。那个吵闹的家伙很快消失在人群中了。

等他上车在后座坐定后，同行的另一个人扭头问州长："你听到那个大嗓门了吗？"他问道，"他大声叫着你的名字，真是太过分了。"

州长耸耸肩笑了。"你要习惯这样的事情，"他说，"你就假装没听见，往前走就行了。这样的事并不经常发生。真发生了，也完全影响不到我。"[209]

欣奇说布兰斯塔德希望得到并且也尊重他的工作人员的坦诚反馈。"我曾跟他开诚布公地谈话，把实情原原本本地告诉他。他总是镇定、审慎地接受，然后作出决定，继续前行。"[210]

这种遇到任何挫折，不管大小，都勇往直前的能力是布兰斯塔德的典型特点，也让他几十年立于不败之地。

13

他把这些留给
艾奥瓦州

持久性可能是特里·布兰斯塔德最宝贵的遗产，这也是人们最先记得的，也是谈论最多的。毕竟，我们这个民族喜欢为英雄排名，而这位莱兰走出来的人在艾奥瓦州历史上以及美国历史上任职时间最长州长的名单中高居榜首。从这一点来讲，他是艾奥瓦州政坛的巴比·鲁斯，一个所有后来人都会奉为标杆的人。

当然，他还留有很多其他的遗产，这要取决于讲话人的身份。

"我花了30年想要打败他，现在我却在支持他，"得梅因地产传奇人物比尔·克纳普在2013年说道。克纳普几十年来一直是艾奥瓦州民主党阵营的主要人物，但是在2014年选举时，他却支持布兰斯塔德。"可能我对布兰斯塔德所做的事情并不是都同意，但是我非常敬仰他对艾奥瓦州的热爱和奉献。我成了他的粉丝。"211

亨利·蒂皮来自贝尔普莱恩，曾在南太平洋参加第二次世界大战，他1949年毕业于艾奥瓦大学，获会计学学士学位。他在商界取得了巨大的成功，是艾奥瓦大学的强大后盾。现在，学生可以就读亨利·B·蒂皮商学院和管理学院。他在德克萨斯州的莱姆斯通拥有一个3.3万英亩的农场，而贝尔普莱恩博物馆的一整个侧翼是以他的名字命名的。蒂皮 25 年前认识了布兰斯塔德，那时他与李·里奥共同做一个项目，而后者是总部设在锡达拉皮兹市的艾奥瓦照明与电力公司的执行总裁和董事长。

"我觉得艾奥瓦州很幸运能有特里·布兰斯塔德做州长，"蒂皮 2015 年说道，"我印象最深的是他全心全意地在做州长，而不是以这为跳板升到更高的官位。而且，我认为艾奥瓦州人也明白这一点。

"还有一点也让人印象深刻，他每年都要尽力到访所有 99 个县。还有谁能做到这一点？他对艾奥瓦州来说太重要了。他尽心尽力地在做州长。当你要从政的时候，不要指望每个人都同意你所做的，但是我相信艾奥瓦州人都尊敬他和他所做的事情。"[212]

这是几乎所有跟州长有过亲密工作关系的人达成的共识，这其中也包括杰夫·波伊恩科。"除了发展好艾奥瓦州，这位州长没有任何个人的议程。没有一件事是只做表面功夫的；人们也许不能同意他所做的每一件事，但是他们知道他是真诚的。"[213]

美联社的麦克·格洛弗早在 1998 年就撰文探讨过布兰斯塔德的遗产，他是这样写的："第一个也是最明显的结论是：布兰斯塔德的任期遗产本质上讲是政治的。布兰斯塔德已经证明了他比那些评论家想象的要坚强得多、睿智得多。"[214]

"他是州历史上最好的政治家吗？"道格·格罗斯反问道，"绝对是，而不是接近。在任何方面，他都代表了艾奥瓦州。更令人称奇的是，不管做什么，他都从未表现出傲慢或自负。他不需要是房间里最聪明的人——他只想在房间里有最聪明的人，这样他就能得到他们的建议，并向他们学习。而且，他是个伟大的推销员。特里·布兰斯塔德能推销任何东西，他最爱推销的就是艾奥瓦州。"[215]

苏珊·尼利对这一分析表示赞同："特里一直都是一个非常自信的人。他自信的一个表现形式是他愿意招募那些有不同观点和技能的聪明人为他工作。从他开始做副州长时开始，到1982年，再到1986年，以及再往后，我能列出那些在他的竞选团队工作或做志愿者领导工作的人的名字，他们本身就是很杰出的人。

"他之前的很多工作人员后来事业都发展得很成功。从我个人来讲，我会毫不犹豫把其他职业生涯的成功归因于为州长工作打下的基础。我为他工作时，他35岁左右，而我25岁左右。在2014年的选举之夜，我观看了他精明的竞选团队的表现。让我印象深刻的是，他现在已经是65岁左右的年纪，却仍然那么精明强干，身边的工作人员都是年仅二三十岁的最强最聪明的人。

"表面上看，特里不像是一个竞选政治职务的人。他不是好莱坞电影里塑造出来的那种典型的候选人形象，他们通常巧舌如簧，又很上镜。实际上，他是'巧舌如簧'的对立面。首先，他非常尊敬他所为之服务的人民。他从不会首先发言，或者说耗尽房间里所有的氧气，让其充斥着他自己的观点，以显出自己的重要性。

"他本性谦虚，在集体讨论时，他有时会很低调地表达自己的观点。这部分是因为他在倾听，并在积极思考或学习别人的观点……这对从政的人来说的确不是一个典型的特点。当然，行事低调在政治竞争中有时也有竞争优势。我在华盛顿有个朋友是全国民主党竞选人的工作人员，他说艾奥瓦州有不少人在过去的竞选中低估了特里·布兰斯塔德的实力。

"直到意识到他是一个严肃的政策专家，他们才真正认识特里。他有着近乎照相机般的记忆力，能很轻松地记起一些事实、数字、名字、地方还有日期。在政界这是非常有用的技能，当他提醒某人他在何时何地见过他们，并紧接着问一个关于他们家庭、公司或社区的问题时，这总是能产生'哇'的轰动效应。"[216]

"如果说他有什么弱点的话，那就是他有时太信任别人，"莱尔·辛普森说。他作为顾问和布兰斯塔德在一起工作 40 多年了。"他通常都很相信别人。他非常聪明，善于学习，但是有时也会比较容易受别人影响。"[217]

"布兰斯塔德给我们留下了相当不错的遗产，尽管他一开始接手的摊子很不理想。他上任的时候，艾奥瓦州的农业危机刚刚开始，正以迅猛之势席卷整个州。而在他即将离任时，艾奥瓦州历史性地出现了现金结余和征税削减，"1998 年布兰斯塔德 16 年任期结束时，《风暴湖先导论坛报》这样报道。

"如果人们记得他，是因为他是艾奥瓦州那个可耻的赌博盛行时代的州长，人们也该记得，他是艾奥瓦州经济发展时代的州长。

"如果人们记得他，是因为艾奥瓦州对大型猪栏的争议的话，人们也该记得，他对艾奥瓦州学校的无私奉献。"[218]

当然，他把莱兰时期在父亲农场上形成的工作精神带给了得梅因市。1997 年，在他第一届州长任期的末期，大卫·叶普森在为《得梅因纪事报》撰写文章时就捕捉到了这一精神："特里·布兰斯塔德不会错过任何政治机会成为艾奥瓦州任职最长的州长。他也不是轻而易举地做到的。在他任职的最后一年，他也丝毫不放松。'我是个工作狂。我从小就是这么长大的。所以，我会每天刻苦工作直到离任。我想做到州长能做的任何事情。'"[219]

"他曾两次把艾奥瓦州从混乱不堪的经济局面中扭转过来，直到能清偿债务，"道格·格罗斯说，"这不就是他留下的遗产吗？"[220]

甚至一些民主党人也不得不承认，在布兰斯塔德再次任州长期间，也就是 2010—2014 年，艾奥瓦州的财政状况有了明显改善。

"完美的信用评级和强大的预算使艾奥瓦州成为全国最好的州之一，"艾奥瓦州议员杰夫·丹尼尔森在 2014 年 9 月 8 日写给选举人的电子邮件中说道，"在州议会两党的努力下，本州在没有增加赋税的情况下预算也保持平衡，并且留有资金储备，我对此非常自豪。我们都会在看了无党派专家小组近期的收入预估后，才会非常谨慎地决定要花多少钱，预算也是做得很保守。

"就是因为用了这个方法，艾奥瓦州在 2015 年 6 月 30 日结束这一财政年度时，有望实现 7.35 亿美元的预算结余。我们还有 6.96 亿的现金储备和紧急经济基金，在州历史上这是最多的一次。根据税务基金会的数据，这些储备资金（大约是州预算的10%）是全国最强的之一。"

他又补充道，州审计师玛丽·莫斯曼"在今年夏天的州财政审查时讲到艾奥瓦州强大的财政状况，'不仅支出差额已经缩小到了 1.71 亿美元，'她说，'在充足的储备基金之外，我们还有 7.5 亿美元的结余。过去几年的财政纪律很成功，我们需要继续保持。'"

丹尼尔森说："艾奥瓦州不断赢得标准普尔的最好评级，这意味着本州有极强的能力全力并及时应对财政问题。根据华尔街 7 月 24 日的数据，这一强大的信用评级，再加上我们管理完善的预算和低负债率，艾奥瓦州位列美国最好的三个州之一。"[221]

这无意间见证了这位共和党人州长强大而又奉献的工作成果，他整个政治生涯都在宣扬财务责任，并与另一党派共同合作，采取强有力和决定性的措施支持他的信念。很大程度上归因于特里·布兰斯塔德的领导，艾奥瓦州在财务安全方面已经走到前列。

"他的持之以恒、工作习惯还有他对艾奥瓦州的热爱就是他的遗产，"大卫·费舍尔说，"而这也传播给了艾奥瓦州的公民。他会深入社区，跟人们谈论新的消防局——而人们也很喜欢这样。他们知道他是真的会在乎。

"每年春天在得梅因俱乐部，我们都会邀请所有即将从艾奥瓦大学毕业的四年级运动员和各个教练员来聚会，"费舍尔说，"这对他们来说是会见商业领袖的好机会。州长每年都参加，并且总是很成功地鼓动这些出色的年轻人留在艾奥瓦州。他任州长那些年每次都来……他卸任之后，我们没能请动其他州长来过一次。"[222]

尼利还指出，她的前任老板在任命和选举方面都支持妇女，有很好的纪录。"统计一下数据应该是挺有趣的，但是我猜想跟其他州长相比，他的政府任用了更多的妇女，"她在 2015 年说，"他任命了艾奥瓦州最高法院的第一位女性。他有很多次的竞选伙伴是女性。他在第一任上就是采纳了女性总法律顾问的建议，才启动了对州法典的审查，以消除性别歧视。他支持一个认为价值可比的委员会来审查薪资公平。"[223]

乔伊·康宁是布兰斯塔德包容性政府的众多受益者之一，她也非常感激能在 1990 年得到布兰斯塔德给予的工作机会。20 多年后讲到前任老板时，她都丝毫不掩饰对他的崇拜之情。

"布兰斯塔德州长热爱政治，也热爱艾奥瓦州，"她在 2014 年平静地说道，"他热爱州长的职业，所以当他说要回归时，我一点都不震惊。"她暂停片刻。"曾经被选为他的副州长让我荣幸之至。那是一段美妙的经历。"[224]

2010 年，金·雷诺兹也获得了和乔伊·康宁一样的职位。让她印象深刻的不仅仅是布兰斯塔德久居高位所拥有的知识和才干，更有他和克莉丝·布兰斯塔德任州长和州长夫人的工作方式。

"他对艾奥瓦州的爱是无与伦比的，而且，跟他工作也很有乐趣。我们工作非常努力，但是也不乏乐趣。他的工作日程满得令人难以置信，而且人们很乐于见他。他和克莉丝都非常谦逊，我觉得人们也感觉到了这一点。他实在太易于接近了；不管年轻还是年老，人们都会毫无压力地走上前来跟他聊天。"[225]

他们两个人有很多共同的关注点，其中之一就是对不同层次教育的投入。她曾是针对高中生的 STEM（重视科学、技术、工程和数学）项目的主要倡导者，并且与州长共同担任 STEM 州长顾问委员会的主席。每年，她都到访全州的 99 个县，这是她的老板自担任州长以来每年都做的事。

在评估布兰斯塔德的遗产时，应该指出，在广受欢迎的罗伯特·雷之后接任州长一职绝非易事。只要问问紧随绿湾的文斯·伦巴底脚步之后的教练，加州大学洛杉矶分校的约翰·伍德，或者是艾奥瓦州的丹·盖博，就知道要达到如此高的成就和期望有多么不容易。

据一位业内人士说，雷的成功取决于以下两点：他非常聪明，有出色的领导能力；他只有对形势了如指掌时才会发表看法。雷是个指挥型的领导，而布兰斯塔德更倾向于任用有才华的人，并让他们发挥各自的长处。蒂姆·阿尔布雷希特在 2009—2013 年做他的宣传主管，据他所言，布兰斯塔德不是个微观管理者，他对新的观点很感兴趣。

阿尔布雷希特在哈罗德·休斯的故乡伊达格罗夫出生并长大，后者是艾奥瓦州最受尊敬的州长之一，也是一个坚定的民主党人。尽管如此，阿尔布雷希特的父母却非常保守，这也为他的政治理念奠定了基础。他在 2009 年受雇于布兰斯塔德州长，主持社交媒体项目，这是一个州长也承认不太了解的领域。

"他听说年轻人对社交技术反应迅速，对此他很感兴趣，"阿尔布雷希特在 2014 年说道，"他是个很棒的老板，因为他不会管得很细，他只会告诉你他希望达到的结果，然后就让你放手去做。特里•布兰斯塔德是那种不怕尝试新事物的人，他也乐于让有新想法的人聚在他身边为他工作。他不会让身边围绕着那些"点头虫"，因为他是真的想找到解决办法。

"他会使你不由自主地忠诚于他，因为他是那么好的一个人，你不想让他失望。"[226]

就像几乎每一个为布兰斯塔德工作的人所说，阿尔布雷希特也对州长对他所掌管的这个州的真诚情感留下了深刻的印象。

"我记得有一次我们在密西西比河上的一个小城镇，我记不得是哪个小镇了，因为我们正在进行全州巡回竞选拉票活动。我们在一个不错的房子里，一天我们走到屋后的平台上，在那儿，我们可以看到密西西比河的沿途风光。州长站在那里许久凝视着那片土地，然后说，'这是世界上最美的风景。'而这是一个曾环游世界的人说的话。他真真正正热爱这个州。他的职业道德也是令人震惊的。他似乎从不知疲倦。"[227]

另一位年轻人也亲眼见证了州长工作有多勤奋，他就是吉米•桑特斯，现年 28 岁，自 2003 年以来就担任布兰斯塔德的宣传主管。

"他的精力旺盛得惊人，"桑特斯说，"许多像我这样岁数的年轻人都会跟他一起出行，我们几乎跟不上他的节奏。他像一台机器。当他为竞选拉票时，每天要演讲五次。他会先讲 20 分钟，然后再回答一些问题。在两个巡回演讲站的间歇时间里，他会回顾在每个城镇提出的问题，并且认真地进行研究。他从不预先筛选问题；人们可以问他们想问的任何问题，所以他必须时刻保持头脑敏捷，而他几乎总能出色地应对一切。

"今年（2014 年）有一次，我们在滑铁卢，经过漫长辛苦的一天我们都累瘫了。第二天早上我还是很累，步履缓慢。我们都是这样。然后，我看见了州长……他又神采奕奕开始新的一天。这真是不可思议。他就像一只劲量兔，我从没看到他有精神懈怠的一天。"

桑特斯估计州长在 2014 年几乎出席了 2500 场见面会。"这个人就是热爱艾奥瓦州，他也喜欢与人们会面。他不停地要多了解这个州和关于它的一切事情。他就是艾奥瓦州的百科全书。"[228]

当然，他对细节的非凡记忆力也是他成功的关键，这使他成为一个跟人们关系密切的政治家，但是有时也能使他走入误区。

"有时，由于他对政策细节非常了解，他会讲得过于细致，以至于普通观众都不愿意听了，"2014 年，苏珊·尼利在位于华盛顿的办公室这样讲道，"在离开公众视线几年后，也就是在 2010 年，他在竞选拉票途中演讲时，正在详细回答关于艾奥瓦州的会计系统的问题。我注意到，有那么一个微妙的瞬间，他意识到自己讲得太过繁琐了。他稍停了一下，这几乎没人察觉，然后就迅速总结了自己的主要观点。

"那一瞬间就是特里·布兰斯塔德风格。不管房间里的人们是否需要知道这些细节，他们离开的时候都很放心，他们未来的州长知道自己在讲什么。"[229]

来参观得梅因市的艾奥瓦州荣誉纪念堂的人能亲耳听到州长讲他自己的一生。在这个设施豪华的纪念堂里，总监杰克·拉什尔坚持不懈地对那些在不同层面塑造了艾奥瓦州历史的人致以永久的敬意，这些人中有男性，有女性，他们年龄不同，背景也不同。纪念堂的中心位置有一个称为"艾奥瓦州人"的互动展览。展览的一大特色是由布兰斯塔德自己来讲解他一生的 19 个不同生活区域，从他在莱兰农场的日子，到他的高中时期，最后到他任州长的遗产。就在 20 英尺远的地方是关于传奇的钢琴家罗杰·威廉姆斯的精彩展览，参观者只需按一个按钮，就可以听到他最畅销的乐曲，如《秋叶》、《似曾相识》，还有《生而自由》。

尽管现在布兰斯塔德已进驻艾奥瓦州荣誉纪念堂，并载入了艾奥瓦州的历史，他职业生涯刚开始的时候并没有很明显的成功迹象。肯·沙利文从 1980 年到 2001 年在锡达拉皮兹《公报》任政治版编辑，30 多年来，他对艾奥瓦州的政治舞台有着敏锐的观察。

"说实话，我对他的耐久力和长期的成功感到很吃惊，"沙利文2014 年说道，"回顾当时特里刚来时的那些参议员，我不会想到他就是那个能创下任职时间最长州长纪录的人。这一点我很确信。"[230]

沙利文说，他觉得布兰斯塔德身上有一些缺点，而且也不是个很有活力的演讲者，但是他却仅凭着刻苦和自律克服了这些缺点。"他知道那（公众演讲）是他的弱项，所以这么多年来他都非常用功地改进，"道格·格罗斯说，"我相信很多艾奥瓦人都了解这一点，也对此感同身受。"[231]

"特里·布兰斯塔德和查克·格拉斯利都真正掌握了政治教

科书般的技巧，"沙利文说，"布兰斯塔德任州长时，有农业危机和其他问题，形势很不利。在这个方面，他和赫伯特·胡佛是一个类型的。但是他是个不错的政府管理者，作为政客，他的优点远大于缺点。

"上帝保佑他……和其他从政的人。这真的是个很难做的工作，现在比20、30年前还要难做。感谢上帝，有人仍然愿意做这个工作。"[232]

2014年1月9日，受欢迎的世界卫生组织无线电谈话节目主持人扬·米克尔森曾作过现场评论，用大概是最简洁的方式总结了这位莱兰人的成功之处。"特里·布兰斯塔德可能是艾奥瓦州历史上最好的政客，"米克尔森说，"他比任何其他人都更能读懂公众的情绪。"

的确，布兰斯塔德的纪录也印证了他的论断。

14

他为什么能成为
创纪录的州长

想要有一个成功的政治生涯，最为重要的因素之一是让忠诚又勤奋的人参加竞选活动，并最终进入管理过程本身。从特里·布兰斯塔德最初决定投身政界之后，他就在这方面展现出了杰出的才能。他能吸引那些乐于奉献的人长期为他工作，或者在他们转向其他工作岗位时也依然支持他。

没人比玛格丽特·霍夫更有代表性了，她在他身边工作了20多年。"玛格丽特——她是所有一切的关键，"大卫·费舍尔一边说，一边崇拜地摇了一下头，"她在他身边很多年，先是在他任州长的时期，后来又在得梅因大学，现在她又回来州长办公室工作。"[233]

"她是他（在办公室）能遇到的最好的人，"莱尔·辛普森实事求是地说，"她几乎就像一个母亲似的。"[234]

"玛格丽特是州长的'监护人'，"蒂姆·阿尔布雷希特说，"她确保一切都能按时运转。她已经为他工作很久了，所以对他了如指掌。"[235]

玛格丽特约翰出生在莫德尔一个有11个孩子的家庭。莫德尔是个跟莱兰差不多大的小村庄，位于哈里森县，在艾奥瓦州的西端。她从父母那里传承了勤奋努力的工作作风；她的父亲开了一家小杂货店，而母亲则照顾一大家孩子。高中毕业后，玛格丽特申请到了奖学金，可以去内布拉斯加州的达纳学院上大学，它距离奥马哈市 25 英里远。但是，她却选择在家附近的一个银行工作，而且一干就是 12 年。

嫁给了利奥·霍夫之后，他们搬到了哈伦市，在那儿他们开了一家花店，而利奥则担任商业和经济发展会会长。1989 年，布兰斯塔德州长遇到了利奥，并邀请他担责任州政府的部门主管。在布兰斯塔德的一次生日聚会上，玛格丽特得悉州长正在为 1990 年的竞选寻找筹款人。她觉得这是个很刺激的工作，就表达了自己的兴趣，然后她就得到了这份工作。她干得很出色，于是布兰斯塔德邀她来州政府任职，为他建议董事会和委员会的人选。很快，她就担负了更多的工作，并组织了州长就职仪式。她处事练达，一丝不苟，总能在预算内做好所有的事。

"艾奥瓦州人穿上盛装和舞鞋，庆祝特里·布兰斯塔德第四次就职典礼，而庆祝活动从周五早上一直持续到午夜，"查克·奥芬博格在 1995 年 1 月 18 日的"艾奥瓦男子"专栏里这样写道，"大约 1700 人参加了周五早上在退伍军人纪念堂举行的就职宣誓仪式，而到夜幕降临之时，礼堂在玛格丽特·霍夫的指挥下几乎变成了一个巨大而高雅的舞厅——屋顶悬挂着三个巨型吊灯，处处都摆满了鲜花，大厅中央还有一个 30 英尺宽、有 8 个喷口的喷泉。霍夫估计参加舞会的人数达到 4000 人，或者更多。"[236]

在玛格丽特身边待不了多久你就会明白，她非常擅长自己所做的事情，不管是什么事情，她都能顺顺利利地做好。她说这是因为整个工作团队都竭诚做到最好，因为他们的老板工作那么努力，值得他们尊重。对过去那些年里与她共事的人，她也是抱着赞许的态度。

"迪克·雷德曼曾是我的老板，也是我的精神导师之一，"2014年她在艾奥瓦州议会大厦的办公室里这样说道，"我们有非常出色的人在管理这个地方。在竞选期间，我们常常每周工作60个小时，但是没人抱怨，因为州长也在那儿工作。我们常常坐着小飞机，边吃边干。有一次我们坐着一架敞着窗户的"黑鹰"直升机去参加一个葬礼，真是又热又吵。"[237]

最让人难忘的一次旅行发生在1997年末，当时布兰斯塔德州长正在纽约市代表拉马尔·亚历山大讲话，后者正在进行总统提名竞选，而之后，州长还要去佛罗里达举办的共和党人州长年会讲话。但是，他们收到消息，来自卡莱尔的一对夫妇在得梅因市的艾奥瓦卫理公会医疗中心和布兰科儿童纪念医院诞下了七胞胎，州长觉得他需要回到艾奥瓦州。

这个事件吸引了全球的注意，比尔·克林顿总统也从白宫致电给这对惊呆了的夫妇——肯尼和鲍比·麦卡乔。这对夫妇还登上了《时代》杂志的封面。

"我们从纽约飞回来，然后州长去卫理公会医院参加了一个记者招待会，"玛格丽特·霍夫说，"七胞胎（四个女孩和三个男孩）对州长来说很重要。在次日凌晨3点，我们又启程坐飞机去迈阿密参加共和党人州长年会。乔治·W·布什和迈克·哈克比也是发言人。等我们回到家时，有人对我说，'我猜你在迈阿密逛美了吧。'我说，'当你能听到这么多人谈论教育和其他重要的事情，为什么还要出去购物呢？'"[238]

她还饶有兴趣地回忆起了很多其他的事情。在 1990 年选举时，工作人员获悉乔治·W·布什总统将乘"空军一号"来访。宴会厅已经预定爆满，当发现外面还有很多人迫切想要进来，特工处很是不安。

"布什总统来讲话，这确实是个难得的经历，"她说，"当（英国首相）玛格丽特·撒切尔 1991 年来访时，我对她充满敬畏。她的丈夫陪同她来，布纳维斯塔学院接待他们一晚。那是个很难忘的经历。

"许多大名鼎鼎的人都定期来访。这很刺激，也很有趣。"[239]

当布兰斯塔德决定不再竞选州长，汤姆·维尔萨克在 1999 年成了新的州长，利奥·霍夫也失去了原来的职位，又在德雷克大学找到一份当筹资人的工作，帮助融资翻修德雷克体育馆。布兰斯塔德上任得梅因大学校长后，玛格丽特·霍夫跟随他去担任办公室工作。而在 2000 年，当他回归州长之职时，霍夫一家也回来了。玛格丽特担任州长的特别助理，而利奥则担任办公室经理，协调所有拨入的电话，并且，他笑着说，"弄清楚谁在烦恼什么。"[240]

州长办公室是个忙得不可开交的地方，方方面面的人都想占用州长的几分钟时间，来谈谈对他们来说最重要的事情。每一个相关的人都必须严格遵守时间安排，但有时州长与人谈得兴起，而门外还有其他人排队等候进来，这时候想让州长保持原定的时间安排就不是那么容易的事情，但是玛格丽特·霍夫却处理得游刃有余。而这毫无疑问是多年的经验培养而成的技能。

但是，即使是她，在竞选角逐的最后几日也会身心俱疲。每一个政府工作人员在最后两天都被安排到一个城市负责打电话，让选民们从家里出来投票。她特别回忆起了 1994 年与弗雷德·格兰迪初选时的紧张状况。

"最后两天，我在布拉夫斯理事会负责处理缺席选民的选票，大选之日我冲回得梅因市，换上衣服就到万豪酒店听结果，"她说，"我有点紧张，真的。直到那天很晚的时候我们才知道自己赢了。"[241]

即使是一个有着不败纪录的州长在大选之日也会很紧张，离他最近的人这样说他。据布兰斯塔德的朋友说，随着时间一点点过去，他尽力靠近自己的妻子，因为她会让他感觉踏实。选举结束后，他喜欢出去旅行放松一下，给自己充充电，通常他们会约上一对老友夫妇一起去。

在第一次选举后，州长去了旧金山。第二次选举后，他们去了夏威夷。第三次选举后他们去巴黎玩了十天，并且参观了诺曼底海滩——1944 年 6 月 6 日盟军在那里登陆，开始了把欧洲从纳粹德国的控制中解放出来的进程。1997 年，他们去阿拉斯加庆祝结婚 25 周年。

"在巴黎参观卢浮宫时，一个年轻女士看到了他，并跑了过来，我们都很激动，"莱尔·辛普森说，"她来自艾奥瓦州，说想与州长合影。之后，在一次用餐的时候，一位女士一直在看他，后来她走过来说，'天哪，是布兰斯塔德州长。'这种时候，他都会很友好地跟人们聊很久。"[242]

在布兰斯塔德和辛普森两家人去游埃及时，两位来自艾奥瓦州的女士在狮身人面像前面看到了他，就径直前来跟他打招呼。"他就那么背对着狮身人面像站着跟她们聊天，那是聊得最久的一次，"辛普森笑着说，"但是特里就是那样——他热爱人民，也爱谈论艾奥瓦州，不管在世界的哪个地方都一样。"[243]

他的风格受到亨利·B·蒂皮的注意和欣赏，后者是贝尔普莱恩人，在商界做得很成功，成年时期基本在德克萨斯州生活。"每次跟他在一起我都感到很舒服，我想这是因为他在做自己，所以就很自在。他知道自己是谁，也知道要做什么。他是美国中部的人，从不想扮成别的什么人。"[244]

尽管散步、读书和观看体育比赛是布兰斯塔德最主要的休闲活动，他记得罗伯特·雷有一个特殊的，或者说是独一无二的休闲方式。

"鲍勃在办公区域摆了一张乒乓球案子，经常会跟工作人员打乒乓球，这是个竞争很激烈的运动项目，"特里笑着说，他很喜欢州政府领导人挥舞球拍的形象。"他打得很棒。但是，我从他那儿学习到的并不是这个技术。

"我从罗伯特·雷身上学到的是如何管理办公室和待人接物，"布兰斯塔德说，"他会使你成为像他一样的人，在为他工作时努力成为榜样。鲍勃有时早上来得很早，一直工作到午饭时间，下午休息。晚些时候他又回来上班，并且工作到黄昏。晚上，他会打很多电话。也许他收到了一些人写的信，批评他的某项决策，他会给他们打电话，说：'嗨，我是雷州长，我收到了你的信……'然后他们就会进行充分的讨论。通过这样做，他赢得了很多人的心，我也总是深受启发。

"我有时也这样做，但是没有鲍勃做得那么多。"[245]

但是，最了解他的人都说布兰斯塔德在经营人际关系方面堪称大师，所以他们都会回来继续为他工作。"他相信搭建桥梁的重要性，"马特·欣奇说，他在2014—2015年任布兰斯塔德的高级顾问。"你搭建的桥梁越多，创造的友谊就越多，你也会变得更好。这就是他的为人处世之道。"[246]

最能体现这一风格的就是2012年与比尔·克纳普的会面，而后者可能是艾奥瓦州历史上最大的民主党政治捐款人。布兰斯塔德邀请克纳普及其主要的合伙人小比尔·克纳普和格里·纽根恩特来州长办公室，共同商讨合作事宜。

"会议一开始，两位老对手之间有些气氛紧张，比尔直截了当地对布兰斯塔德说，'接到你的电话我很惊讶，因为你也知道我个人花了多少钱想把你赶下台。'布兰斯塔德承认这是事实，然后说他知道虽然他们在社会问题上观点不一致，但是却有希望找到共同的立场。"[247]

会面的结果是产生了"技术艾奥瓦州倡议计划",资金主要由克纳普和他带进这个项目的其他人捐助。两个强大的人,一个来自政界,一个来自私企,却能放下分歧,共同开发项目以帮助创造更多就业机会,这本身就是巨大的成功,并且也巩固了他们之间的个人关系。

"跟比尔一起工作很愉快,"州长说,"而且我认为这也传达出了一个强大的讯息。"[248]

布兰斯塔德在艾奥瓦州议会大厦有两个办公室,一个用于官方会面,另一个主要用于比较私人的会面。后者布置精心,装饰有一直鼓舞他的照片——有名人照片,也有他参观过的地方的照片。墙上有三张亚伯拉罕·林肯的照片,还有一张乔治·华盛顿的照片。照片上的华盛顿穿着将军制服,双膝跪地,在严冬的福吉谷祈祷,这时他对美国革命胜利的希望一度处于低谷。之前提到过的"艰苦岁月"的牌子(罗伯特·舒勒的书名)已经跟随布兰斯塔德差不多30年了。"我们从州长办公室搬到得梅因大学,再搬回到州长办公室,它总是跟随着我们,"玛格丽特·霍夫说,"这对他来说很重要。"[249]

还有一张彩色照片,上面是一头巨大的大象站在非洲的一条狭窄的土路边,它正盯着摄影师,也许在考虑是不是该冲过来。这张照片是布兰斯塔德自己拍的。那是2007年他与詹姆斯·布夫纳博士去西非期间,后者每年都要去(南非)林波波省待几个星期,为当地公民提供免费医疗服务。

"我们见到了犀牛、狮子、大象——那是一次很神奇的旅行，"州长说，"但是更神奇的是吉姆在那里做的工作。我也一起去作了关于医疗道德的演讲。我对此知道的不多，但是在来的飞机上读了很多资料，这非常有趣。"[250]

还有几次非常开心的事情，比如，阿诺德·施瓦辛格曾应州长的邀请来到艾奥瓦州议会大厦做健美推广（"那是我所有的孩子都想来办公室的时候，"布兰斯塔德边说边暗自窃笑），还有一次是在 1991 年 8 月 2 日，布兰斯塔德与电影明星和前大联盟棒球运动员在电影《梦幻之地》的拍摄地打棒球。（报纸上甚至登过布兰斯塔德的一张照片，照片上他将球滑入标有演员 D·B·斯威尼名字的垒里，而斯威尼在 1988 年的那部电影中扮演赤脚乔·杰克逊）

有几次去加利福尼亚州出席重要活动，他高高站在标有"美利坚合众国艾奥瓦州"的台子上，万分自豪。

还有无数次去华盛顿与国家的最高领导人会谈。

2013 年，他与艾奥瓦州奥林匹克摔跤项目的传奇人物站在一起，宣布反对国际奥委会取消摔跤项目的决定。

德克萨斯州州长里克·佩里曾访问艾奥瓦州数次，进行共和党总统候选人提名的竞选活动，他称赞布兰斯塔德是艾奥瓦州杰出的推销员，而且几乎没人质疑这一说法；说他就像一个不知疲倦的活动家，走到哪儿就把他对艾奥瓦州的爱传播到哪儿，年复一年从不改变。

"他能清楚地记得自己见过的人，"大卫·罗德雷尔说。他是

1990 年竞选活动的主管，也是前任高级顾问，后又成为艾奥瓦州管理总监。"他就好像拥有照相机般的记忆。有时我们出席活动，有人会提起一件很久以前发生的事情，他却记得。他能记得人和事，而这使他们跟他联系更密切。在今时今日，人们需要的不仅仅是口才好的人。他能从政自然有他的原因。"[251]

当然，布兰斯塔德并非把全部的时间都花在当权者和其他政客身上。他喜欢参加各种节庆活动、博览会、野餐、剪彩，而最爱去的地方就是学校。

"300 个学生挥舞着星条旗，热烈欢迎特里·布兰斯塔德来到格兰特小学，"1990 年，乔纳森·罗斯在《得梅因纪事报》上报道州长的滑铁卢之行，"尽管他们当中没有一个合格选民，州长在经过拿着旗子夹道欢迎他的学生时，还是尽可能多地跟那些伸出的小手一一握手。

"学生们为他演唱了《艾奥瓦华尔兹》，而他作了关于教育价值的简短讲话。他们送给他一个咖啡杯、一件 T 恤衫和一大捧蜡笔画。他参观了每一间教室，摆姿势跟他们合影，还在一个女孩的胳膊上签名。

"在布兰斯塔德任州长的八年时间里，他曾多次这样访问学校。"

"……特里·布兰斯塔德身上具备一个旅行推销员的所有特质。他爱人们，从不厌烦自己的工作，也从不停止微笑，他总是定下具体的目标，并对自己的产品充满热情。"[252]

就连罗伯特·雷这样的权威人士也曾夸奖他的继任者在与人打交道方面的才能："特里·布兰斯塔德是一个政治大师。他非常擅长此道。他喜欢这行，而这也展露无遗。"在同一篇文章中，施特芬·施密特，一位艾奥瓦州政治教授，称布兰斯塔德"那种一呼百应的能力非比寻常"。[253]

布兰斯塔德有坚定的宗教信仰，但他不是一开始就信奉天主教的。他的母亲是犹太人，他父亲属于路德教派，但是在遇到克莉丝后不久，他皈依了天主教。只要有时间他都会做弥撒，这也包括在旅行的时候。

"特里非常虔诚，"道格·格罗斯说，"在约翰·保罗二世当上教皇后不久，我们一次飞往日本，途中特里告诉我约翰·保罗在波兰为摆脱共产主义做的所有事情。讲着这些故事的时候，他情绪激动，泪流满面。"[254]

最后一点，让特里·布兰斯塔德职业生涯如此成功的一个特质，也造就了罗纳德·里根的成功，这一特质就是受人爱戴。"特里·布兰斯塔德是你能见到的最亲民的政客之一，"《得梅因纪事报》编辑丹尼斯·瑞尔森在1991年的专栏中写道，"他绝对真诚，他是那种你愿意在周六早上一起跑步的人，就像一个关爱你的邻居。

"他热爱艾奥瓦州。他去过艾州的各个地方，从汉堡到兰辛，到洛克拉皮兹，再到麦迪逊堡。他热衷于参加社区聚会、扶轮午餐会和剪彩这些州长的分内之事。"[255]

　　尽管州长在为他工作的人当中拥有大批崇拜者，但最热情的莫过于邦妮·斯莫利，她于 1982—1999 年的 17 年间担任他的日程安排员。这份幕后工作需要极高的管理和人际交流技巧，但是倦怠率也是很高的，因为工作时间长，又极为注重细节。邦妮目前在得梅因市韦尔马科蓝十字和蓝盾公司工作，她谈起这段经历却滔滔不绝。当她的丈夫道格在艾奥瓦州众议院与布兰斯塔德一起工作时，她初次结识了他，那时，她正在为另一位议员、来自奥布莱恩县的英恩·汉森工作。

　　道格·斯莫利是布兰斯塔德的小圈子中的一员，他第一次决定竞选州长时，就把这些支持者聚在一起提供咨询建议。布兰斯塔德就问邦妮·斯莫利是否愿意做他的日程安排员。

　　"我告诉他只要能帮上他，我干什么都行（装信封、打电话，诸如此类的事情），但是我没有做日程安排员的经验，"斯莫利在 2015 年说道，"但是他很坚持。他不断地问我，于是我就答应了。但是我家里还有个小女孩，在接受这个职位前，我告诉他我会把家庭放在首位。他说'当然'，而且他从不要求任何人做有悖家庭的事情。他是特别以家庭为中心的人。

　　"这个工作一点也不风光，而且倦怠率很高，"她说，"一般的日程安排员会坚持干大约 18 个月。这个工作在很多方面都吃力不讨好，而且工作节奏快又忙乱。很显然，你不能满足所有的要求，但是州长是个那么好的人，你愿意为他工作。他很善解人意，而且自己也是个勤奋工作的人。

　　"在 1982 年竞选时，我为他做日程安排，当时也不知道该期冀什么。每当我心情不好时，就看着他的日程安排，想一想，'他会怎样做这个？'看着他工作真的让人大开眼界。

"我的办公桌就在他的个人入口右边，他每天早上来上班第一个看到的就是这张桌子，而下班最后看到的也是这张桌子。他会在我的桌边停下来，说，'嗯，也许今天我们没有干完多少，但明天我们会把它们都干完。'然后我会想，看看你今天所做的已经够多了。

"我想这要追溯到他在农场长大的经历，"她说，"他在年龄还不太大的时候，就承担起相当多的责任。我很确信一点——这个星球上没人比特里·布兰斯塔德的工作量还要大。

"还有一件事，他对自己的守时感到很自豪。他珍惜别人的时间，也会竭尽所能不让别人等他。"她讲到，在他职业生涯早期有一次访问滑铁卢，安排这次访问的执行官想跟她打赌说州长不会按时到达，因为他安排过的其他政客都没有准时到过。

她告诉那个滑铁卢的执行官，作为政府雇员她不能打这个赌，但是如果她能打赌的话，她会以 1000 美元赌布兰斯塔德能按计划到达。访问那天，那个人打电话来说他想送她一大盒巧克力，因为她说的是对的——布兰斯塔德不仅按时出现了，而且还早了一点点。

"他有着类似捕兽夹一样的记忆力，而且他对这个州的爱非他人能比，"斯莫利说，"能为他工作我很开心，也非常荣幸。"[256]

那么，在本州的最佳州长当中他排名如何呢？

"任何低估特里·布兰斯塔德的人最终会让自己吃亏,"杰夫·斯坦因说道。他拿了法律学位,在瓦特堡学院和威廉·宾大学教授交际学课程,并一直为报纸、无线广播和电视台撰写关于艾奥瓦州的政治和选举的报道,时间长达 35 年。"他可能没有那种天生的魅力,或者说不像其他政客那样仪表堂堂⋯⋯但是他所做的就是赢。

"他的工作精神和对艾奥瓦州的奉献就像一个传奇。他可能不像罗伯特·雷那样受到众人的仰慕,而这跟其他任何事物一样,是他所服务的那个时代的产物。雷引导艾奥瓦州度过动荡的 60 年代的余波,他处事从容,风度翩翩,这使他赢得了持不同政见的盟友。在雷之后继任州长不是件容易的事情,但是布兰斯塔德却独树一帜,不仅仅是因为他任期最长,而且是因为他成功地领导艾奥瓦州度过三个非常不同的十年。

"即使是他的批评者也不得不承认,尽管他们可能不会赞成他的所有举措,但是他真诚地认为他这么做是为了艾奥瓦州和它的公民的最高利益。这也解释了为什么他对各种事情都充满激情,而当他觉得自己的道路是正确的,他是不愿妥协的。绝大多数艾奥瓦州人都希望他们的州长有坚定的信念,如果这有时会使他斗志旺盛,那便如此⋯⋯他相信他自己和他的决定。

"在互联网和社交媒体的时代,在政治圈里有工作狂,也有作秀狂,这是不争的事实——后者更关注为媒体制作精彩的 YouTube 视频和音频短片,而前者则兢兢业业做实事。特里·布兰斯塔德是个工作狂,而艾奥瓦人回馈了他一个美国历史上无与伦比的州长任期。"[257]

1999 年 1 月，就在他第一次卸任州长之职投身私营企业之前，《得梅因纪事报》请布兰斯塔德列出自己领导艾奥瓦州 16 年间所取得的最高成就。州长说他希望后面的州长首先应该承认：正是因为他的各种努力，艾奥瓦州的经济才从 20 世纪 80 年代的农业危机中恢复过来。

"那是我最为自豪的事情……使艾奥瓦州的经济从错误的道路上扭转过来，走上正道，"他告诉《得梅因纪事报》的乔纳森·罗斯。然后，他又列出其他六项他引以为豪的政绩：

（1）使艾奥瓦人转变观念，相信艾奥瓦州正在走向正轨，因为它提供了更多就业机会；

（2）改善了艾奥瓦州的管理和财政状况，实现了财政盈余，改革了预算方式；

（3）在教育方面，截止到 1999 年，覆盖全州的光纤网络连接了每一个学区，除此之外，他还发起了多项教育活动；

（4）在公共安全方面，取消监狱人口的上限，建造足够的监狱使最暴力和危险的犯人不会逍遥法外，推动更严格的醉酒驾驶和少年犯罪执法；

（5）救济金名单人数下降 34%，重点帮助人们接受教育、培训和找到工作；

（6）加大保护妇女和儿童，对家庭暴力犯罪人员实施逮捕，改善儿童医疗项目。

当然，这所有的举措都是在和他一起工作的两党议员协助下完成的。

他在任的前十年，民主党控制着艾奥瓦州众议院和参议院。但是他们仍然"承认他对议会的大部分提议都已付诸实施，"罗斯写道，"一个例子就是布兰斯塔德对州官僚体系的重组。'1986年，我们在这方面给了他很大的自由裁量权，因而极大地巩固了州长办公室的权力，'（参议院多数党领袖）迈克尔·格龙斯塔尔说。"[258]

20 年过去了，他已经表明他有多么在乎艾奥瓦州和艾奥瓦州人。还是有很多人并不喜欢他的政策，也不同意他的一些决定，但是很少有人能质疑他对艾奥瓦州的真情。一路走来，他作出了巨大的牺牲，也被载入了史册。

在他超长的任期内，他始终把教育放在优先地位。他推进了几次大型的教育项目，在 1990 年竞选时，也受到了艾奥瓦州教育协会的支持。

"我记得他数次引用他母亲的话，"蒂姆·阿尔布雷希特说，"她以前告诉他要受教育，'因为那是谁也不能从你身上拿走的东西'。州长由衷地认为教育是使一个州伟大的关键因素。"[259]

州长对艾奥瓦州议会大厦和艾奥瓦州展览馆的翻修工作感到非常满意。因为人造的结构非常易于受到岁月的侵蚀，这些建筑外观和内部的承重结构随着时间的流逝都已经开始受到腐蚀。他们定期要求重新加固和翻新，使这些过去的象征物得以持续保存下来，并同时提供必要的关怀，让新的一代人能去这些大厅走走，惊叹于它过去的辉煌。作为历史爱好者，布兰斯塔德州长总是尽一切可能保存那些美丽和实用的建筑设施。

艾奥瓦州议会大厦象征着对全州的治理。它不仅仅是坐落在山上俯瞰得梅因市的一座建筑，它代表了国家的西部扩张和艾奥瓦州的丰富历史。同时，它也是政府工作人员的工作地点。

艾奥瓦州议会大厦奠基于 1871 年 11 月 23 日。原本的造价不超过 150 万美元，但因为一些阻碍，再加上州议会批准了更多的资金，最后的花费为 2873294.59 美元。1904 年建筑北翼着火后，维修、现代化以及其他一些初建时没有经费的项目都得到了批准。把这些花费计算在内，总支出达到 330 万美元。

1913 年，州政府通过了有争议的立法，获得了占地 13 英亩的议会大厦周边的土地。争议的焦点在于扩大议会大厦的区域，消除紧挨着它的"棚户区"。反对者们运用了政治广告，比如在 1914 年 11 月 2 日的《大西洋新闻电讯报》上指出，议会大厦的延伸区会达到 83.04 英亩，比包括纽约州和伊利诺伊州在内的 17 个州的议会大厦的占地面积总和还多。据说这 17 个州的总和为 81.16 英亩。

20 世纪 20 和 30 年代，州议会大厦的装修人约瑟夫·齐泽克作了很多内部改变。到 50 年代，原有的维多利亚风格的深色油漆与优雅镂空覆盖上了当代风格的无褶皱的白色或浅色油漆。多年来的修复工作绝大多数都重在内部修缮。1965 年，拱顶重新镀金，而建筑外墙也得到保护。

随着 1976 年美国建国 200 周年的庆祝活动，新的基金得到启动，力求恢复议会大厦在维多利亚时代的辉煌。专业人士开始了长达数年的调研、绘画、精细的镂空雕饰还有其他细致的内部设计。到 80 年代初，艾奥瓦州议会大厦的外部多处已经腐蚀，有碍观瞻，而且还有许多潜在的安全隐患。所有的入口处都架上了钢制的顶罩，因为有大块的砂石已经开始从外部掉落。由于长期的风霜侵蚀，再加上屋顶排水不力，一些装饰性的雕饰已经面目全非。没有良好的排水设施也使得建筑的内外墙都出现渗漏，建筑的表面各处，包括边边角角都受到破坏，无一幸免。

1983 年，搬走了第一块石头。到 2000 年最后一块石头放置到位时，几乎 95% 的装饰性砂石都更换一新，总共 7500 吨。新一轮的内部翻修在 1991 开始，施工方建议做以下修缮工作：安装洒水系统；拆除中间楼层；更换现有的机械系统；安装新的电力及通信系统；进一步精确还原内部装饰的历史原貌。

布兰斯塔德州长对任期内的所有工作都给予了大力的支持。他还支持成立了一个蓝丝带委员会，以领导艾奥瓦州展览馆的翻修工作。

艾奥瓦州展览馆每年接待游客总量达到 100 万人次，它自 1854 年以来就是许多艾奥瓦人经常光顾之地，也成为美国最大的农业和工业产品博览会和交易市场之一。这个占地 450 英亩的"美国经典州属博览会"是在 1886 年才引入的。从那以后，历经多次翻修和现代化改建，这一博览会才得以持续数代之久。

1923 年，艾奥瓦州议会成立了一个独立的艾奥瓦州博览会委员会，专门负责博览会的事务。之前，博览会是由艾奥瓦州农业协会和一个农业委员会负责管理的。这个新的州博览会委员会最初的成员包括州长、农业厅长、艾奥瓦州农业学院（艾奥瓦州立大学）的校长，六个议区各自选出的一名主管，三位其他主管，还有委员会选出的一名秘书长／经理和财务主管。

1983 年，布兰斯塔德州长与艾奥瓦牛肉行业和养牛业协会合作启动了每年一度的"州长慈善小公牛展"。所有收益都捐给位于得梅因市、艾奥瓦市和苏市的艾奥瓦州罗纳德·麦当劳之家。这些设施为那些有重病儿童的家庭提供了"离开家的家"，当他们的孩子在附近医院治疗时提供给他们居住。捐款用于补贴居住的费用。截止到 2014 年末，展览会自 1983 年以来筹款达 250万美元。2014 年，展览会已经连续第三年打破纪录，筹款升至22.5 万美元。就在展览会的第 30 个年头，特里·布兰斯塔德也加入其中，负责展示一头小公牛，而副州长金·雷诺兹则展示了冠军牛。

"这是我最喜欢做的事情之一，而这个事业也很伟大，"州长说，"州博览会是艾奥瓦州文化遗产的一部分，我很骄傲能尽我所能帮上忙。"[260]

特里·布兰斯塔德自己也似乎成了州文化遗产的组成部分。这样说是因为他对艾奥瓦州的影响大于任何其他个人，如果说通过周围为他工作的人可以了解这个人的话，那么布兰斯塔德的遗产是确定无疑的。

业内人士说，没有什么政界的工作比做一个州长的高级顾问要求更高、压力更大。用一个记者的话说，这是个疲惫率极高的残忍的工作。2013 年 8 月 30 日，杰夫·波伊恩科宣布卸任布兰斯塔德的高级顾问一职，进入私营企业。在 2010 年竞选成功之后，他领导了过渡团队，后直接担任高级顾问一职。他说自己盼望着自 2008 年之后的第一次假期。

然后，他总结了与美国任期最长的州长共事过的很多人的共同感受："为特里·布兰斯塔德工作是我这辈子最大的荣耀，"他说，"而离开这个职位也是我所作的最困难的决定。"[261]

而在金·雷诺兹任副州长期间，最让她印象深刻的是所有到她跟前的人都发现的事情："他对艾奥瓦州的爱是无与伦比的。他的工作日程以及他和克莉丝激励大家的方式都是非凡的。每个在他身边的人都感到很舒服，我觉得这是他成功的关键所在。我很自豪成为这个团队的一部分。"[262]

从小地方莱兰待过的岁月到现在，特里·布兰斯塔德的精力、激情、热情和工作精神都在与他相处的人身上刻下了印记。这一遗产注定流传后世。

附录：特里·布兰斯塔德的个人感悟

成功的要素

1. 积极的态度

在态度积极的人身边总是不乏乐趣。每当遇到挫折，他们都会充满热情并寻找新的机会。一些世界上最成功的领导人都曾面对逆境和无数次的失败，但是他们能克服困难取得成功，并且激励其他人跟随他们的脚步。亚伯拉罕·林肯和温斯顿·丘吉尔就是两个绝佳的例子。他们每一个人都是在自己的民族处于历史上最黑暗和最艰难的时代担当领导大任。

2. 确立远大目标

领导人都是对自己要成就什么了然于胸的人。他们确立目标来实现理想，并且衡量每一次进步。要想成功，领导人必须让他们所领导的人对其有信心，这就要阐明自己的目标，并且要经常重复，而且还要展示在实现目标的过程中所取得的每一个进步。

3. 刻苦工作

在农场长大，我很早就知道要刻苦工作。任何值得做的工作都值得做好。真正成功的人会投入大量的时间和精力把每一项工作做好。运动员、企业家、音乐家和选举的官员都是如此。对领导人来说，让人民知道你关心他们以及他们的家人和社区也是很重要的。在艾奥瓦州，作为一个州选出来的官员，要证明这一点，最好的方法是每年访问所有 99 个县。

4. 寻找机会

人的天性使然，按照惯常的方式来做事情总会觉得很舒服。而真正成功的人总是在寻求更简单、更安全、更快捷、更高效的方式来做事情。寻求更好的方式会带来伟大的发明，而这会拯救生命，并且提高无数人的生活质量。领导人总会让身边围绕着有想法的人、解决问题的人和那些敢于冒险的人，他们总在寻找更好的方式来完成任务。

5. 适应不断变化的环境

如果一开始你不成功，那就一遍遍尝试。从错误中学习，作出改变和调整，这样你的提议对那些提出建设性批评意见的人来说就更有吸引力。记住，绝大多数的发明都是在经过多次失败后才成功的。永远寻找机会改善你的提议，为所有参与其中的政党带来双赢局面。

6. 回馈

对帮助你的人要慷慨和信任。成功的人会大方地分享他的个人资源来鼓励和帮助其他人。我认识的最成功的人的共同特点是：建立奖学金和奖励金来帮助未来的领导人和做公益事业。我们很有福气能生活在这样一个国家，那些出身卑微的人都能实现自己的美国梦，并且慷慨地拿出自己的资源帮助未来的几代人。

鸣谢

以下 22 个单位和个人为本书出版提供了所需的工作或经济支持。为纪念布兰斯坦德大使创造的美国任期最长的州长的纪录，我们特选此 22 个单位和个人，每个代表州长任期之一年。其中 21 个全部为艾奥瓦州单位或个人，另特选一名中国朋友以纪念中文版出版发行。

Denise Albaugh, Albaugh, LLC	1983
Kemin Industries	1984
Hy-Line International	1985
Iowa Farm Bureau Federation	1986
Iowa Turkey Federation	1987
Iowa Corn Growers Association	1988
Margaret Hough, Executive Assistant to Governor Branstad for 25 years	1989
Iowa Soybeans Association	1990
Iowa Pork Producers Association	1991
Sue Jarboe, Dasun, LLC（苏国群，达桑公司）	1992
Guan Ningyu, Shine-Link International Group, Inc.（关宁宇）	1993
The HNI Charitable Foundation	1994
Harry Stine, Stine Seed Company	1995
Sukup Manufacturing Co.	1996
Bill Knapp, Knapp Properties	1997
Jaina and Chuck Johnson, Pioneer. Former President and CEO, Pioneer Hi-Bred International, Inc.	1998
Jim and Patty Cownie	2011
Kent Corporation Charitable Foundation	2012
CK International, Ltd.（梅美，靖记行）	2013
Al and Ann Jennings, EFCO Corp.	2014
赵维宁（中国农业部），为此书出版提供非经济志愿服务。	2015
Ying Sa, Community CPA and Associates, Inc.（萨英）	2016

注释

1. 苏国群是艾奥瓦州一个少数族裔经营的小型公司的老板，中国移民。玛格丽特·霍夫目前是艾奥瓦州州长办公室的董事会及委员会主任。她担任布兰斯塔德州长的行政助理达 25 年。
2. 苏国群和玛格丽特·霍夫感谢术达·雅宝对文稿的编辑和修改。
3. 特里·布兰斯塔德访谈，州议会大厦，2014 年 1 月 14 日。
4. 同上。
5. 露丝·莱布兰德访谈，弗瑞斯特市，曼森博物馆，2014 年 4 月 4 日。
6. 特里·布兰斯塔德访谈，州议会大厦，2014 年 1 月 14 日。
7. 莱尔·辛普森访谈，莱尔·辛普森办公室，得梅因，2014 年 5 月 14 日。
8. 特里·布兰斯塔德访谈，州议会大厦，2014 年 1 月 14 日。
9. 同上。
10. 同上。
11. 同上。
12. 杰克·本德关于赫伯·汤普森的文章，《每日艾奥瓦人报》，1949 年 12 月 9 日。
13. 特里·布兰斯塔德访谈，驱车前往艾奥瓦市，2013 年 10 月 5 日。
14. 赫伯·汤普森电话访谈，2014 年 5 月 5 日。
15. 特里·布兰斯塔德访谈，州议会大厦，2014 年 1 月 14 日。
16. 同上。
17. 吉姆·雷德尔电话访谈，2014 年 5 月 5 日。
18. 同上。
19. 杰里·特威腾访谈，弗瑞斯特市，曼森博物馆，2014 年 4 月 4 日。
20. 特里·布兰斯塔德访谈，州议会大厦，2014 年 1 月 28 日。
21. 同上。
22. 辛迪·梦露电话访谈，2014 年 4 月 7 日。
23. 同上。
24. 莎莉·普利克特电话访谈，2014 年 4 月 8 日。

25.　同上。

26.　特里·布兰斯塔德访谈，州议会大厦，2014 年 5 月 14 日。

27.　《一个保守党的良心》，巴里·戈德沃特，第 10—11 页。

28.　同上，封底。

29.　同上，第 XIX 页。

30.　同上，第 16 页。

31.　同上，第 XIX 页。

32.　同上，第 15 页。

33.　同上，第 IX 页。

34.　同上，第 IX 页。

35.　特里·布兰斯塔德访谈，州议会大厦，2014 年 1 月 14 日。

36.　同上。

37.　同上。

38.　莎莉·普利克特电话访谈，2014 年 4 月 8 日。

39.　同上。

40.　特里·布兰斯塔德访谈，州议会大厦，2014 年 4 月 18 日。

41.　同上。

42.　同上。

43.　莱尔·辛普森访谈，莱尔·辛普森办公室，2014 年 5 月 14 日。

44.　特里·布兰斯塔德访谈，州议会大厦，2014 年 4 月 18 日。

45.　同上。

46.　同上。

47.　同上。

48.　理查德·约翰逊电话访谈，2014 年 10 月 15 日。

49.　克莉丝·布兰斯塔德访谈，露台山，2014 年 2 月 5 日。

50.　同上。

51.　理查德·约翰逊电话访谈，2014 年 10 月 15 日。

52.　克莉丝·布兰斯塔德访谈，露台山，2014 年 2 月 5 日。

53.　特里·布兰斯塔德访谈，州议会大厦，2014 年 1 月 14 日。

54.　克莉丝·布兰斯塔德访谈，露台山，2014 年 2 月 5 日。

55.　特里·布兰斯塔德访谈，州议会大厦，2014 年 1 月 14 日。

56.　同上。

57.　理查德·施瓦姆电话访谈，2014 年 11 月 3 日。

58.　克莉丝·布兰斯塔德访谈，露台山，2014 年 2 月 5 日。

59. 特里·布兰斯塔德访谈，州议会大厦，2014 年 1 月 14 日。

60. 克莉丝·布兰斯塔德访谈，露台山，2014 年 2 月 5 日。

61. 丹·戴维斯访谈，弗瑞斯特市，曼森博物馆，2014 年 8 月 26 日。

62. 莱尔·辛普森访谈，莱尔·辛普森办公室，2014 年 5 月 14 日。

63. 同上。

64. 道格·格罗斯访谈，道格·格罗斯办公室，得梅因，2014 年 11 月 11 日。

65. 莱尔·辛普森访谈，莱尔·辛普森办公室，得梅因，2014 年 5 月 14 日。

66. 兰迪·史密斯电话访谈，2015 年 3 月 26 日。

67. 同上。

68. 莱尔·辛普森访谈，莱尔·辛普森办公室，得梅因，2014 年 5 月 14 日。

69. 理查德·约翰逊电话访谈，2014 年 10 月 15 日。

70. 《弗瑞斯特城高峰论坛报》文章，1981 年 10 月 8 日。

71. 查克·奥芬伯格专栏，"艾奥瓦男子"，《得梅因纪事报》，1980 年 11 月 23 日。

72. 特里·布兰斯塔德访谈，州议会大厦，2014 年 1 月 14 日。

73. 詹姆士·斯特勒曼，"无法战胜的州长"，《城市景观》，2014 年 1 月，第 14 页。

74. 《弗瑞斯特城高峰论坛报》文章，1982 年 3 月 4 日。

75. 莱尔·辛普森访谈，莱尔·辛普森办公室，得梅因，2014 年 5 月 14 日。

76. 大卫·费舍尔访谈，大卫·费舍尔办公室，得梅因，2014 年 10 月 29 日。

77. 同上。

78. 同上。

79. 苏珊·尼利电子邮件访谈，2015 年 1 月 13 日。

80. 大卫·费舍尔访谈，大卫·费舍尔办公室，得梅因，2014 年 10 月 29 日。

81. T·约翰逊，"康琳接受当地学生问询"，《每日艾奥瓦人报》，1982 年 11 月 2 日。

82. 同上。

83. 詹姆士·斯特勒曼，"无法战胜的州长"，《城市景观》，2014 年 1 月，第 14 页。

84. 大卫·费舍尔访谈，大卫·费舍尔办公室，得梅因，2014 年 10 月 29 日。

85. 美联社文章（日期不详）

86. 美联社文章（日期不详）

87. 美联社文章（日期不详）

88. 莱尔·辛普森访谈，莱尔·辛普森办公室，得梅因，2014 年 1 月 27 日。

89. 特里·布兰斯塔德访谈，州议会大厦，2014 年 1 月 14 日。

90. 同上。

91. 艾奥瓦州彩票网站，www.ialottery.com。

92. 同上。

93. 特里·布兰斯塔德访谈，州议会大厦，2014 年 1 月 28 日。

94. 杰夫·斯坦因电子邮件，2014 年 11 月 11 日。

95. 大卫·叶普森，《得梅因纪事报》专栏，1988 年 6 月 15 日。

96. 苏珊·韦弗，"新家庭入住露台山"，《得梅因纪事报》，1983 年 4 月 3 日。

97. 《斯宾塞每日记者报》，1986 年 3 月 11 日。

98. 同上。

99. 艾奥瓦公共电视台农场危机特别节目，2013 年 9 月 6 日。

100. 道格·格罗斯访谈，道格·格罗斯办公室，得梅因，2014 年 11 月 11 日。

101. 肯尼斯·皮斯，《得梅因纪事报》，1988 年 6 月 27 日。

102. 《斯宾塞每日记者报》，1988 年 10 月 1 日。

103. 同上。

104. 特里·布兰斯塔德访谈，州议会大厦，2014 年 4 月 18 日。

105. 美联社报道，1986 年 10 月 30 日。

106. 苏珊·尼利电子邮件访谈，2015 年 1 月 13 日。

107. 同上。

108. 《每日艾奥瓦人报》，艾奥瓦市，1986 年 11 月 5 日。

109. 同上。

110. 同上。

111. 詹姆士·斯特勒曼，"无法战胜的州长"，《城市景观》，2014 年 1 月，第 14 页。

112. 詹姆士·P·甘农，"如何解决艾奥瓦州的问题"，《得梅因纪事报》，1988 年 10 月 2 日。

113. 托马斯·A·福加尔迪，"布兰斯塔德以国家州长协会主席开年"，《得梅因纪事报》，1989 年 6 月 6 日。

114. 同上。

115. "我们的观点"，《梅森市环球观察报》，1989 年 9 月 27 日。

116. 大卫·叶普森，"布兰斯塔德为什么会再次获胜"，《得梅因纪事报》，1988 年 5 月 30 日。

117. 美联社，1988 年 4 月 28 日。

118. 凯文·巴斯金，《得梅因纪事报》（日期不详），1989 年。

119. 阿特·卡伦，《弗瑞斯特城高峰论坛报》，1990 年 4 月 6 日。

120. 《斯宾塞每日记者报》，1990 年 4 月 10 日。

121. 大卫·叶普森专栏，《得梅因纪事报》，1988 年 5 月 30 日。

122. 《纽约时报》，1990 年 5 月 28 日。

123. 同上。

124. 《斯宾塞每日记者报》，1990 年 6 月 6 日。

125. 教师工会支持，《每日艾奥瓦人报》，1990 年 6 月 11 日。

126. 乔伊·康宁电话访谈，2014 年 12 月 13 日。

127. 美联社报道，1990 年 3 月 25 日。

128. 大卫·罗德雷尔电话访谈，2014 年 12 月 12 日。

129. 特里·布兰斯塔德访谈，州议会大厦，2014 年 4 月 18 日。

130. 美联社（日期不详）

131. 《致艾奥瓦人的一封信》，特里·布兰斯塔德州长，多家报纸登载。

132. 托马斯·A·福加尔迪，"布兰斯塔德调整私人生活"，《得梅因纪事报》，1999 年 5 月 16 日。

133. 《斯宾塞每日记者报》，1993 年 12 月 15 日。

134. 《斯宾塞每日记者报》，1994 年 6 月 7 日。

135. 大卫·叶普森，"国会山"专栏，《得梅因纪事报》，1994 年 2 月 2 日。

136. 迈克·格罗弗，《共和党冲突证明有益》，美联社，1994 年 2 月 14 日。

137. 《艾奥瓦人日报》，1994 年 6 月 1 日。

138. 《斯宾塞每日记者报》，1994 年 6 月 7 日。

139. 《芝加哥论坛报》，1994 年 6 月 9 日。

140. 大卫·费舍尔访谈，大卫·费舍尔办公室，得梅因，2014 年 10 月 29 日。

141. 莱尔·辛普森访谈，莱尔·辛普森办公室，得梅因，2014 年 1 月 27 日。

142. 莱利·刘易斯访谈，曼森博物馆，弗瑞斯特市，2014 年 8 月 26 日。

143. 《芝加哥论坛报》，1994 年 6 月 9 日。

144. 美联社，1994 年 11 月 8 日。

145. 同上。

146. 詹姆士·斯特勒曼，"无法战胜的州长"，《城市景观》，2014 年 1 月，第 14 页。

147. 同上。

148. 莱尔·辛普森访谈，莱尔·辛普森办公室，得梅因，2014 年 1 月 27 日。

149. 克莉丝·布兰斯塔德访谈，露台山，2014 年 2 月 5 日。

150. 特里·布兰斯塔德共和党年会演讲，1996 年 8 月。

151. 米歇尔·阿普尔盖特，"布兰斯塔德在瑟夫舞厅庆祝 50 岁生日"，《梅森市环球观察报》，1996 年 9 月 28 日。

152. 大卫·叶普森，"布兰斯塔德称本届是其最后一届"，《得梅因纪事报》，1997 年 3 月 8 日。

153. 美联社文章（日期不详）

154. 《布兰斯塔德取消俄罗斯之旅》，美联社，1998 年 5 月 27 日。

155. 乔纳森·鲁斯，"州长薪水相形见绌"，《得梅因纪事报》，1995 年 3 月 5 日。

156. 同上。

157. 特里·布兰斯塔德的最后讲话，1999 年 1 月 17 日。

158. 美联社文章，1998 年 12 月 12 日。

159. 道格·格罗斯访谈，道格·格罗斯办公室，得梅因，2014 年 11 月 11 日。

160. 特里·布兰斯塔德访谈，州议会大厦，2014 年 1 月 28 日。

161. 克莉丝·布兰斯塔德访谈，露台山，得梅因，2014 年 2 月 5 日。

162. 克雷格·罗宾逊，"回归"，《艾奥瓦州共和党》，2010 年 6 月 26 日，第 4 页。

163. 克莉丝·布兰斯塔德访谈，露台山，得梅因，2014 年 2 月 5 日。

164. 理查德·施瓦姆电话访谈，2014 年 11 月 13 日。

165. 同上。

166. 道格·格罗斯访谈，道格·格罗斯的办公室，得梅因，2014 年 11 月 11 日。

167. 克雷格·罗宾逊，"回归"，《艾奥瓦州共和党》，2010 年 6 月 26 日，第 4 页。

168. 杰夫·波伊恩科访谈，杰夫·波伊恩科办公室，得梅因，2014 年 12 月 29 日。

169. 克雷格·罗宾逊，"回归"，《艾奥瓦州共和党》，2010 年 6 月 26 日，第 5 页。

170. 《得梅因纪事报》，2010 年 9 月 14 日。

171. 同上。

172. 同上。

173. 《公报》，锡达拉皮兹市，2010 年 6 月 24 日。

174. 金·雷诺兹电话访谈，2014 年 12 月 13 日。

175. 同上。

176. 美联社，2010 年 11 月 2 日。

177. "智能政治"网站：http://editions.lib.umn.edu/ smartpolitics/2013/04/10/the-top-50-longest-serving-gov/。

178. 同上。

179. 凯瑟·奥布拉多维奇，"局势对布兰斯塔德有利"，《得梅因纪事报》，2013 年 6 月 8 日。

180. 珍妮弗·雅各布斯，《得梅因纪事报》，2014 年 1 月 14 日。

181. 凯瑟·奥布拉多维奇，"新民调中布兰斯塔德的好消息和坏消息"，《得梅因纪事报》，2014 年 3 月 9 日。

182. 《得梅因纪事报》，2014 年 8 月 13 日。

183. 同上。

184. 维基百科，尼克松 1972 年访华：https://en.wikipedia.org/ wiki/1972_Nixon_visit_to_China。

185. 乔·灵·肯特，《中国未来的主席回访艾奥瓦州》，美国全国广播公司，2012 年 2 月 15 日。

186. 同上。

187. 同上。

188. 美联社，布兰斯塔德敬酒词（日期不详）。

189. 美联社，布兰斯塔德在中国（日期不详）。

190. 特里·布兰斯塔德社论，《中国日报》，2013 年 4 月 16 日。

191. 尼克·康普顿专栏，"声音与评论"，《得梅因纪事报》（日期不详）。

192. 乔治·C·福特，《公报》，锡达拉皮兹市，2014 年 12 月 20 日。

193. 《关于露台山州长官邸参观的问题》（日期及出版物不详）
194. 菲比·霍尔·霍华德，"立法者告知州长官邸需要修缮"，《得梅因纪事报》，2014 年 2 月 5 日。
195. 克莉丝·布兰斯塔德访谈，露台山，得梅因，2014 年 2 月 5 日。
196. 同上。
197. 美联社文章（日期不详）
198. 菲比·霍尔·霍华德，"竞选伙伴"，《得梅因纪事报》，1994 年 2 月 20 日。
199. 同上。
200. 罗德·博尔塞利诺专栏，《得梅因纪事报》，1999 年 2 月 9 日。
201. 托马斯·A·福加蒂，"做州长 14 年，计算仍在进行中"，《得梅因纪事报》，1996 年 12 月 29 日。
202. 《布兰斯塔德州长不是占星家》，美联社，1988 年 5 月 10 日。
203. 道格·格罗斯访谈，道格·格罗斯办公室，得梅因，2014 年 11 月 11 日。
204. 美联社文章，1993 年 2 月 19 日。
205. 里德·弗戈瑞伍，"克莉丝·布兰斯塔德仍不适应公众生活"，《得梅因纪事报》，2010 年 10 月 27 日。
206. 克莉丝·布兰斯塔德访谈，露台山，得梅因，2014 年 2 月 5 日。
207. 马特·欣奇电话访谈，2014 年 12 月 13 日。
208. 同上。
209. 作者在艾奥瓦橄榄球比赛现场亲眼所见，艾奥瓦市，2013 年 10 月 5 日。
210. 马特·欣奇电话访谈，2014 年 12 月 13 日。
211. 比尔·克纳普访谈，比尔·克纳普办公室，得梅因，2013 年 9 月 20 日。
212. 亨利·蒂皮电话访谈，2015 年 3 月 5 日。
213. 杰夫·波伊恩科访谈，杰夫·波伊恩科办公室，得梅因，2014 年 12 月 29 日。
214. 麦克·格洛弗，《讨论布兰斯塔德遗产的时机已到》，美联社，1998 年 9 月 22 日。
215. 道格·格罗斯访谈，道格·格罗斯办公室，得梅因，2014 年 11 月 11 日。
216. 苏珊·尼利电子邮件访谈，2015 年 1 月 13 日。

217. 莱尔·辛普森访谈，莱尔·辛普森办公室，得梅因，2014 年 6 月 27 日。

218. 《风暴湖先导论坛报》，1998 年 5 月 11 日。

219. 大卫·叶普森，"布兰斯塔德任职最后一年看到了机遇"，《得梅因纪事报》，1997 年 6 月 27 日。

220. 道格·格罗斯访谈，道格·格罗斯办公室，得梅因，2014 年 11 月 11 日。

221. 州参议员杰夫·丹尼尔森发于 2014 年 9 月 18 日的电子邮件。

222. 大卫·费舍尔访谈，大卫·费舍尔办公室，得梅因，2014 年 10 月 29 日。

223. 苏珊·尼利电子邮件访谈，2015 年 1 月 13 日。

224. 乔伊·康宁电话访谈，2014 年 12 月 13 日。

225. 金·雷诺兹电话访谈，2014 年 12 月 13 日。

226. 蒂姆·阿尔布雷希特电话访谈，2014 年 12 月 17 日。

227. 同上。

228. 吉米·桑特斯在州长办公室的访谈，州议会大厦，2015 年 1 月 28 日。

229. 苏珊·尼利电子邮件访谈，2015 年 1 月 13 日。

230. 肯·沙利文电话访谈，2014 年 11 月 14 日。

231. 道格·格罗斯访谈，道格·格罗斯办公室，得梅因，2014 年 11 月 11 日。

232. 肯·沙利文电话访谈，2014 年 11 月 14 日。

233. 大卫·费舍尔访谈，大卫·费舍尔办公室，得梅因，2014 年 10 月 29 日。

234. 莱尔·辛普森访谈，莱尔·辛普森办公室，得梅因，2014 年 6 月 27 日。

235. 蒂姆·阿尔布雷希特电话访谈，2014 年 11 月 25 日。

236. 查克·奥芬博格，"派对好时机"，《得梅因纪事报》，1995 年 1 月 18 日。

237. 玛格丽特·霍夫在州长办公室的访谈，2014 年 1 月 28 日。

238. 同上。

239. 同上。

240. 利奥·霍夫在州议会大厦的访谈，2014 年 1 月 28 日。

241. 玛格丽特·霍夫在州长办公室的访谈，2014 年 1 月 28 日。

242. 莱尔·辛普森访谈，莱尔·辛普森办公室，得梅因，2014 年 6 月 27 日。

243. 同上。

244. 亨利·蒂皮电话访谈，2014 年 3 月 15 日。

245. 特里·布兰斯塔德访谈，州议会大厦，2014 年 9 月 12 日。

246. 马特·欣奇电话访谈，2014 年 12 月 13 日。

247. 《真正的交易：比尔·克纳普的生活》，威廉·B·弗里德里克斯著，商业出版公司，得梅因，2013 年，第 212 页。

248. 特里·布兰斯塔德访谈，州议会大厦，2014 年 9 月 12 日。

249. 玛格丽特·霍夫在州长办公室的访谈，2014 年 1 月 28 日。

250. 特里·布兰斯塔德访谈，州长办公室，州议会大厦，2014 年 9 月 12 日。

251. 大卫·罗德雷尔电话访谈，2014 年 12 月 12 日。

252. 乔纳森·罗斯，"布兰斯塔德乐于做艾奥瓦州的推销员"，《得梅因纪事报》，1990 年 10 月 7 日。

253. 托马斯·A·福加蒂，"做州长 14 年，计算仍在进行中"，《得梅因纪事报》，1996 年 12 月 29 日。

254. 道格·格罗斯访谈，道格·格罗斯办公室，得梅因，2014 年 11 月 11 日。

255. 丹尼斯·瑞尔森专栏，"布兰斯塔德的遗产会是什么"，《得梅因纪事报》，1991 年（日期不详）。

256. 邦妮·斯莫利电话访谈，2015 年 3 月 27 日。

257. 杰夫·斯坦因电子邮件，2014 年 11 月 11 日。

258. 乔纳森·罗斯，"布兰斯塔德迎接大结局"，《得梅因纪事报》，1998 年 1 月 14 日。

259. 蒂姆·阿尔布雷希特电话访谈，2014 年 11 月 25 日。

260. 特里·布兰斯塔德访谈，州议会大厦，2014 年 9 月 12 日。

261. 克雷格·罗宾逊，《艾奥瓦州共和党》，2013 年 8 月 30 日。

262. 金·雷诺兹电话访谈，2014 年 12 月 13 日。